中学校国語サポートBOOKS

教えて考えさせる
中学校国語科
授業づくり

市川 伸一 監修　刀禰 美智枝 著

明治図書

監修のことば

　本年（2018年）は，「教えて考えさせる授業」についてのはじめての解説書『「教えて考えさせる授業」を創る』（市川伸一著，図書文化社）が出版されてからちょうど10年目の年にあたる。その年に，中学校の国語という教科での実践事例集が刀祢美智枝教諭によって刊行されたというのは，いろいろな意味で大きな意義のあることだ。

　「教えて考えさせる授業」については，本書序章でその背景や趣旨について解説されるが，一言でいえば，「教師の説明」「理解確認」「理解深化」「自己評価」という4段階の授業構成によって，理解を伴った深い習得を目指すという授業設計論である。教師が教えることと，児童生徒に考えさせることとのバランスを重視し，また，「学ぶ力」としてのメタ認知，協働学習，家庭学習を促すことを視野に入れている。

　この授業論が注目されてまず実践されるようになったのは，小学校の算数や理科からであった。教師はできるだけ教えずに子どもに自力発見，協働解決させるという「問題解決型授業」が，一見理想的に見えて，実は教師にも子どもにも満足いかないものになりがちであるという行き詰まり感があったことが大きいのだろう。また，習得目標が明確なので，「教えて考えさせる授業」が適用しやすく，その効果も見えやすいということがあったためと思われる。

　一方，国語での展開は，何を習得目標にするのか，そのためにはどうしたらいいのか，という手立てをはっきりともった力量のある教師がまず実践してみせる必要があった。また，教科の壁が厚いと言われる中学校が校内テーマとして取り組むためには，研究主任のリーダーシップのもとに，各教科が授業づくりや事後検討会で連携することが不可欠だ。これらを成し遂げてくれたのが，刀祢教諭であり，山口県美祢市立於福中学校だった。

　本書では，中学校国語のさまざまな分野にわたる授業実践が，一つ一つはコンパクトに紹介されている。ただし，それぞれの授業で生徒にとってどこが難しいかを「困難度査定」として押さえた上で，授業の各段階で指導上の工夫を入れるという「教えて考えさせる授業」の本質的な授業づくりの姿勢を見ることができる。これは，新学習指導要領が求める「主体的・対話的で深い学び」を先導的に具現化してきた授業ともいえるものだ。

　本書の刊行を機に，国語での「教えて考えさせる授業」のイメージが共有され，そこからさらに，単元を越え，学校を越え，校種を越えて，新たな実践が生まれてくることを期待したい。

2018年7月

東京大学大学院教育学研究科・教授

市川　伸一

はじめに

　前任校の山口県美祢市立於福中学校では，９年前から全教職員が「教えて考えさせる授業」に取り組み始めた。そして，全員の「理解深化課題」を中心としていくつかの授業をまとめた冊子を作ったのが，５年前のことである。今回，国語科の実践が書籍の形になるのは，教科を越えて学校全体で授業改善に取り組んだ成果だと思う。当初は，市川伸一先生の御著書や教育雑誌の記事を読みつつ，手探りでこの授業形態を取り入れた。東京や岡山のセミナーへの参加，先進校の授業参観を通して徐々にイメージを固め，実践３年目からは，山口県の小さな中学校に市川先生をお迎えして御指導いただくことができるようになった。於福中学校では，吉本正則先生の着眼と御尽力，徳野秀敏先生の推進力をはじめ歴代校長のリーダーシップのもと，

　　・書籍を読み，提唱者からじかに指導を受ける。
　　・先進校の授業を見て，イメージをもつ。
　　・研究授業前の模擬授業，参観，授業後の検討会を通して課題を見つけ改善する。
　　・全員で日常的に取り組む。

という方法で，小規模校でも教科の壁を越えた研修の成果を上げることができた。この間勤務された教頭（藤中知也先生，小川佳男先生，上田弘美先生）が国語科を担当し，研究授業などで授業公開もしながら研修をリードしてくださったことの影響も大きいものだった。

　国語科での実践は，最初は難しそうに感じられた。しかし，授業の四段階の進め方，特に「理解深化課題」設定の工夫をする中で，生徒の見せる「わかった！」「そういうことか……」という反応や授業に対する姿勢，評価が手応えとなり，「教えて考えさせる授業」のレパートリーを広げていくことができた。

　授業が終われば，次に授業をする一年後のために説明や課題を再考し，ワークシートにも手直しをする。今回，於福中学校のものに，一部は現在勤務している学校で行ったものも加えた実践例を紹介している。研究授業での事例を中心としているため内容には偏りがあるが，「教えて考えさせる授業」の国語はこうするのだということではなく，一つの提案として見ていただきたいと思う。

2018年７月

山口県美祢市立大嶺中学校
刀禰美智枝

目　次

監修のことば　2
はじめに　3

序章　「教えて考えさせる授業」と中学校国語科授業づくりの趣旨

1　「教えて考えさせる授業」の背景　……………………………………… 8
2　「教えて考えさせる授業」とは　………………………………………… 10
3　学校での展開と普及　……………………………………………………… 12
4　中教審の動きと新学習指導要領　………………………………………… 14
5　中学校国語科「教えて考えさせる授業」の展開　……………………… 16
6　説明的な文章と「教えて考えさせる授業」　…………………………… 19
7　文学的な文章と「教えて考えさせる授業」　…………………………… 21
8　古典と「教えて考えさせる授業」　……………………………………… 22
9　話す・聞く活動と「教えて考えさせる授業」　………………………… 24

第1章　1年生の「教えて考えさせる授業」づくり

1　「ダイコンは大きな根？」
　　中心文を見つけて段落の要点をまとめよう　…………………………… 28

2　「今に生きる言葉／故事成語『矛盾』」
　　「訓読文」から古典特有のリズムをつかもう　………………………… 32

3　「さまざまな表現技法」
　　比喩を使って「くまモン日記」を書こう　……………………………… 36

4　「指示する語句と接続する語句」
　　前後の関係を考えて言葉を選ぼう　……………………………………… 40

5　「漢字の組み立てと部首」
　　なぜこの部首なのかを説明しよう　……………………………………… 44

6 「読書指導」（自作教材）
学校図書館を探検しよう ……………………………………………………………… 48

7 「少年の日の思い出」
エーミールの立場で「僕」を紹介しよう ……………………………………………… 52

8 「音読を楽しもう　いろは歌」
なぜ，千年前から今も使われているの？ ……………………………………………… 56

第2章 2年生の「教えて考えさせる授業」づくり

1 「気持ちを込めて書こう　手紙を書く」
形式に沿って礼状を書こう ……………………………………………………………… 62

2 「字のない葉書」
邦子から父へ宛てた手紙を書こう ……………………………………………………… 66

3 「扇の的―『平家物語』から」
「平家物語」を貫く無常観を古文から読み解く ……………………………………… 70

4 「扇の的―『平家物語』から」
源平両軍の反応をリポートしよう ……………………………………………………… 74

5 「用言の活用」
条件にあてはまる「動詞」を発見しよう ……………………………………………… 78

6 「付属語」
働きに着目してふさわしい格助詞を考えよう ………………………………………… 82

目次 5

7 「熟語の構成」
「二字熟語の構成」を識別し，説明しよう ……………………………………… 86

8 「『平成26年度　全国学力・学習状況調査』の教材を用いた授業」
本や文章から適切な情報を得て，考えをまとめる ……………………………… 90

第3章 3年生の「教えて考えさせる授業」づくり

1 「場に応じた言葉遣い」（自作教材）
正しい言葉遣いで的確に話そう …………………………………………………… 96

2 「推敲して，文章を磨こう」
下書きを推敲してよりよい文章にしよう ………………………………………… 100

3 「故郷」
この人物を登場させる作者の意図は何か ………………………………………… 104

4 「音読を楽しもう　古今和歌集　仮名序」
思いが伝わる「撰者の言葉」を書こう …………………………………………… 108

5 「夏草―『おくのほそ道』から」
芭蕉の旅にかける思いを語ろう …………………………………………………… 112

6 「夏草―『おくのほそ道』から」
芭蕉の無常感を解説しよう ………………………………………………………… 116

「教えて考えさせる授業」と中学校国語科授業づくりの趣旨

1 「教えて考えさせる授業」の背景

授業において，あるいは，もっと広く教育において，大切なことは何かと聞けば，おそらく二つの立場の答えが返ってくるだろう。一つは，教師が子どもにしっかりと，わかりやすく教えることというものである。そのために，教師は教える内容について深く教材研究を行い，子どもに知識・技能を身につけさせるための指導技術をもたなくてはいけないとする。もう一つは，教師は知識を教えるのではなく，子どもが知識を構成していくのを支援するのだという立場からの答えである。子どもの興味・関心や「気づき」を重視し，教師はそのための教材や環境を用意し，自力解決や協働解決の場面を設定するのがその役割であるとする。

教育界においては，「教師主導主義」対「子ども中心主義」とか，「系統主義」対「体験主義」といった対立として，古くからこうした論争が続いている。そして，ある時代の学校教育が一方の極に偏ると，さまざまな弊害が生じて，マスコミや教育学者がそれを批判するようになり，逆の方向に大きく揺れることになる。するとまた，副作用として別の弊害が生じ，元の方向に大きく揺れ戻る。いわゆる，教育界の「振り子現象」であるが，近年の我が国も，受験偏重の教え込み・詰め込み教育から，児童生徒の主体性を重視した「ゆとり教育」へ，さらに，学力低下が指摘されると学力向上へと大きく変化してきた。今後の「主体的・対話的で深い学び」が単なる揺り動かしになるのか，統合された教育になるのか，大きな分かれ目とも言える。

筆者（市川）は，もともと認知心理学の研究者として，人間の記憶，学習，理解，推論，問題解決といった人間の知的機能のしくみとはたらきをテーマとしてきた。しかし，教育実践に直接関わりながら実践的な研究をしたいと思い，1989年から地域の小・中・高校生を対象とした個別学習相談を大学で行うようになった。そこで，子どもたちから聞くことになったのは，いかに，学校の授業がわからないかという不満や悩みである。なぜ，そんなに授業がわからないのか。私が予想していたのは，伝統的な詰め込み・教え込みの教師主導型授業だから，ということであった。しかし，1990年代を通じて増えてきたのは，逆に「先生が，ほとんど教えてくれないから」という答えであった。

最初は，子どもが何を言っているのか，よくわからなかった。授業で教師が教えてくれないというのは，いったい授業では何をやっているのか。子どもたちに聞くと，先生は課題を与えると，「さあ，自分で考えてみましょう」「それを出し合って，みんなで考えていきましょう」という展開になると言う。いわゆる自力解決，協働解決ということである。しかし，「自分で考えようがない」「友達が何を言っているのかわからない」，そして，結果的に「授業が終わっても，今日は何をやったのかさっぱりわからない」となり，「授業に出るたびにわからないことがたまっていく」という思いがつのって，学習相談に来たというのである。

たしかに，自力解決，協働解決は大切なことだ。それができる学習者を育てることが学校教

育の大きな役割である。しかし，基本的な知識を教師が教えることなく，「既習事項を生かして考えよう」「子どもの気づきを大切に」と言っても，実際には，気づくことも，わかることも，定着することもできずに，単元が終わり，学年が終わり，学校を卒業していくという子どもたちがいかに多いことかを学習相談の場で見て来た。そして，しだいに学校の授業を見る機会が増えてくると，「なるほど，これが子どもたちの言っていた授業なのか」と思うようになった。ときは，1990年代の「ゆとり教育」が浸透していったころである。

　ただし，これはあくまでも一方の極の話である。高校の授業を見学すると，それとは対照的に，筆者が40年以上前に受けたのとほぼ同じような教師主導の解説・問題演習型授業がなされていた。そこでは，「教師がしっかり教えている」ということに，なつかしさや安堵感もあったが，生徒たちの様子はどうか。まじめな生徒はもくもくとノートをとり，あきらめ気味の生徒は机にうつ伏してしまっている。教師が「わかりましたか」「質問はありませんか」と言っても，生徒たちは無言のまま，自発的な質問も発言も出ない。数学や理科での問題演習はあるが，それぞれの生徒が個別に解いているのを，教師は机間巡視で個別に見て回る。教師にしてみれば，「とにかく教える内容が多いし，大学受験もある。生徒の学力が低いのでしっかり教えなければならない」ということで，小学校・中学校での「ゆとり」のしわ寄せを高校がもろに被っているようにも見えた。

　時代による違い，校種による違いはひとまず置いておくことにしても，授業についての見方は，教えること重視派と，考えさせること重視派のどちらかに偏ってしまうことが多いようだ。前者は子どもが多くの知識をもつことを目標とし，そのためには，教師がどんどん教えていくほうがよいとする。後者は，問題解決や発見の力を付けることを目標とし，教師から知識を与えることを手控える。ただし，これは，あくまでも教育界の極端な方針の話であって，一般の社会では，それほど偏っているわけではない。どのような職種であれ，先人から教わって習うことと，その先自分で考えて発展させることの両方をやっているはずだ。人から習うだけとか，自分で考えるだけ，という偏った学習ではおよそ高いレベルに達することはできない。このアタリマエの話を，授業論でもあらためて思い起こす必要があるように思えた。

　ちなみに，認知心理学では，外からの情報を受け入れる学習のことを「受容学習 reception learning」と言い，それに対して原理や法則を自ら発見していく学習のことを「発見学習 discovery learning」と呼び，1960年代には大きな論争もあった。その後，知識の獲得には受容学習が有利であるが，それだけでは問題解決力や表現力がつかないので，ときおり発見学習を入れていくのがよいという，これもいわばアタリマエの話に落ち着いている。そして，知識というのはたくさん正確にもっていることが目標なのではなく，それをうまく使いながらさらに新しい知識獲得や問題解決をするための，いわば「縁の下の力持ち」として働いているというのが1970〜80年代に確立された認知心理学の知識観である。こうした学習観，知識観は，その後の「習得・活用・探究」という現行学習指導要領（2008年改訂）の重要なキーワードとな

序章　「教えて考えさせる授業」と中学校国語科授業づくりの趣旨　9

って生かされていくことになる。

2 「教えて考えさせる授業」とは

　上記のような教育界の経緯から，筆者（市川）が「習得と探究の学習サイクル」「教えて考えさせる授業」というような言葉を使うようになったのは，2001年からである。習得というのは，既存の知識や技能を身に付ける学習のこと，探究というのは，自らの興味関心に応じてテーマを設定してそれを追究していくような学習のことで，学校教育ではこの二つの学習のバランスに配慮する必要があるという，これもまたアタリマエの話であるが，実際にはこれが大きく揺れ動きがちなのは，前述したとおりである。

　ここで，習得をめざした授業だからといって，教師がただ教え込むだけの受容学習や単純反復の丸暗記学習ではまずい。そうした受身的，機械的な学習では，実は知識獲得はうまくいかない。かといって，習得すべきことを探究的に発見させていたのでは，時間ばかりかかって多くの子どもはついていけないし，高いレベルにもなれない。「教えて考えさせる授業」は，授業の前半は教師から丁寧に教える受容学習，後半は子どもに考えさせる問題解決学習を行い，意味理解を伴った習得をめざす授業設計論である。「教える」というのは多義的な言葉だが，ここでは「教師からの説明として，何らかの情報提示をする」というごく一般的な意味で用いており，簡単な予習を含むこともある。また，「考えさせる」場面では，ただ問題を解くというだけでなく，自らの理解状態や学習方略を診断し改善しようとする「メタ認知」や，対話的・協働的な学びを促すためのしくみを組み込んでいることもその特徴である。

　定義ともいえる最低限の基本的特徴は，「教師の説明」「理解確認」「理解深化」「自己評価」という四つの段階から授業が構成されるということだ（図1）。教師が説明して教えたあと，本当に自分が理解できているのかを何らかの課題を通して確認する。その上で，問題解決や討論を通じて理解を深める。自己評価は，いわゆる「振り返り」の活動である。

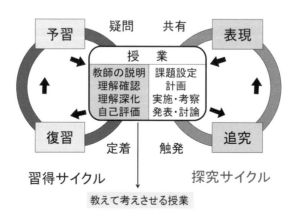

図1　「教えて考えさせる授業」の位置づけ

ただし，この４段階を踏まえているというのは，定義を満たしているというだけの形式的な
ものにすぎない。本来の趣旨に沿って各段階に肉付けするならば，次のようなことがあげられ
る。

・「教える」の部分では，教材，教具，操作活動などを工夫したわかりやすい説明を心がける。
　また，教師主導で説明するにしても，子どもたちと対話したり，ときおり発言や挙手を通じ
　て理解状態をモニターしたりする姿勢をもつ。
・「考えさせる」の第１ステップとして，「教科書や教師の説明したことが理解できているか」
　を確認するため，子ども同士の相互説明活動や教え合い活動を入れる。これは，問題を解い
　ているわけではないが，考える活動として重視する。
・「考えさせる」の第２ステップとして，いわゆる問題解決部分があるが，ここは，「理解深化
　課題」として，多くの子どもが誤解していそうな問題や，教えられたことを活用する発展的
　な課題を用意する。小グループによる協働的問題解決場面により，参加意識を高め，コミュ
　ニケーションを促したい。
・「考えさせる」の第３ステップとして，「授業でわかったこと」「まだよくわからないこと」
　を記述させたり，「質問カード」によって，疑問を提出するよう求める。子どものメタ認知
　を促すとともに，教師が今後の授業をどう展開していくかを考えるのに活用する。

　また，指導計画を立てるときにとくに重要なのは，この内容で授業をすると，児童生徒にと
ってどこがどれくらい難しいだろうかということを「困難度査定」として推し測り，教える場
面や考えさせる場面に指導上の工夫を入れることである。表１は，授業案をつくるときの参考
として，これまでしばしば使ってきたものである（次頁）。
　「段階レベル」の「予習」にカッコがついているのは，予習自体は授業外であることと，「教
えて考えさせる授業」に必須というわけではないことからである。けっしてすべての授業で予
習を求めるわけではないが，いきなり授業に出てもなかなかわからないような難しい教科・内
容では，５分でも10分でも予習してくることを推奨したい。予習してもよくわからないのはど
こかを，子ども自身が意識して授業に臨むだけでも，教師の説明に対する意欲や理解度は相当
違ってくるものである。
　表１のそれぞれの段階において，さらに「方針レベル」や「教材・教示・課題レベル」が示
されているが，けっして「教えて考えさせる授業」はこの通りにしなくてはいけないというこ
とではない。しかし，意味理解，思考過程，メタ認知を重視した授業であることは，この表か
らおわかりいただけると思う。
　一つ，補足しておきたいのは，実技教科（技能系教科）についてである。筆者自身は，実技
における基礎基本の習得こそが，むしろ「教えて考えさせる授業」の典型的なモデルであると

言ってきた。教師は演示したり，ポイントやコツを伝えることでまず教える。しかし，生徒が
やってみると，それがすぐにはできないのが実技の特性である。実技での理解深化とは，「教
えてもらって頭でわかっている状態」から，体の動きとして体得することにほかならない。
「どこがコツなのかわかってきた」と言って実際にできるようになっていくことが理解の深ま
りととらえる。

表1　「教えて考えさせる授業」構築の3レベル

段階レベル	方針レベル	教材・教示・課題レベル
教える		
（予習）	授業の概略と疑問点を明らかに	・通読してわからないところに付箋を貼る ・まとめをつくる／簡単な例題を解く
教師からの説明	教材・教具・説明の工夫	・教科書の活用（音読／図表の利用） ・具体物やアニメーションによる提示 ・モデルによる演示 ・ポイント，コツなどの押さえ
	対話的な説明	・代表生徒との対話 ・答えだけでなく，その理由を確認 ・挙手による，賛成者・反対者の確認
考えさせる		
理解確認	疑問点の明確化	・教科書やノートに付箋を貼っておく
	生徒自身の説明	・ペアやグループでお互いに説明
	教え合い活動	・わかったという生徒による教示
理解深化	誤りそうな問題	・経験上，生徒の誤解が多い問題 ・間違い発見課題
	応用・発展的な問題	・より一般的な法則への拡張 ・生徒による問題づくり ・個々の知識・技能を活用した課題
	試行錯誤による技能の習得	・実技教科でのコツの体得 ・グループでの相互評価やアドバイス
自己評価	理解状態の表現	・「わかったこと」「わからないこと」

　こうしてみると，「教えて考えさせる授業」は，けっして奇抜なものではなく，むしろ非常
に一般的で汎用性のある授業設計論であることがあらためておわかりいただけると思う。いわ
ば授業における「起承転結」のような大原則ということもできる。しかし，いわゆる「導入―
展開―まとめ」よりは，何をどう考えていくかが具体的に示されている。また，予習，子ども
の相互説明，協同的問題解決，記述的な自己評価など，従来の授業ではあまり見られなかった
学習活動を推奨しているのも特徴的な点である。そして，実際にどういう授業になるかは，教
師の工夫や個性が大きく現れてくる。

3　学校での展開と普及

　筆者（市川）が「教えて考えさせる授業」のことをはじめて書籍に著したのは，2004年刊行

の『学ぶ意欲とスキルを育てる―いま求められる学力向上策』（小学館）の1つの章としてだった。それでも、いくつかの問い合わせがあり、実際にやってみたいという学校が現れた。当時、とくに小学校の算数と理科では、問題解決型授業が主流であったが、もとよりそれに懐疑的な教師や、「ずっとやっているが学力に結び付かない」と悩む教師が潜在的には少なくないこともわかってきた。講演のたびに、「自分もそう思っていたのに、口に出せなかった」という感想をよくいただいた。

　大きなはずみとなったのは、2008年に筆者（市川）が『「教えて考えさせる授業」を創る』（図書文化社）を発行してからである。また、明治図書の『楽しい理科授業』、『国語教育』、『授業研究21』、『現代教育科学』といった雑誌でも、「教えて考えさせる授業」についての特集が組まれたことで、認知度が高まった。とくに、『現代教育科学』では2011年度12回にわたって連載記事を書く機会が与えられた（これはその後、2013年に刊行された『「教えて考えさせる授業」の挑戦』の第1部として所収されている）。学校全体のテーマとして「教えて考えさせる授業」に取り組むという学校に、年間のべ50回くらい研修・講習に行くようになった。2007年に全国学力・学習状況調査がはじまり、なんとか学力向上を図りたいという思いが、学校や自治体に強くなっていった時期でもある。

　学校にうかがってみると、公立学校の悩みはどこも非常に似ている。学力が全体的に低いというのであれば、課題のレベルを低くすれば対応できる。「うちの学校は、とりわけ学力差が大きいので困っているのです」という声が多いのである。しかも、そこに「問題解決型で授業をする」とか、逆に「教師主導の一斉授業をする」という、特定の型が前提となってしまうと、適応できない子どもが多発する。単に、「進度や問題の難度を中位の子どもに合わせる」というだけでは、どうも対応しにくい。

　そこで、「授業の前半は、低位の子どもに合わせたわかりやすい説明を教師からした上で基礎知識をクラスで共有し、後半は、塾で先取り学習をしているような子どもでもやりがいのあるような課題で理解を深める」という「教えて考えさせる授業」の設計原理に着目したということである。前半の教師の説明が子どもにわかるように、教師の教材・教具の工夫はもちろんだが、簡単な予習を入れること、理解確認での相互説明活動や教え合いを入れることなどが、盛り込まれている。後半の理解深化でも、一人一人がもくもくと問題を解くのではなく、相談してアイディアを出し合うという協働的問題解決の形態を導入している。自己評価では、わかったこと、わからないことを記述するが、それはメタ認知を促すと同時に、教師もそれを集めて子どもたちの理解状態を把握し、次の授業にも生かしていく。

　これを日常的な習得の授業で、毎日のように行っていけば学力が上がらないはずはないし、学力の低い生徒にも、高い生徒にも、「出てよかった」と思える授業になるに違いない。筆者自身もそのような信念をもっていたが、そう感じてくれた教師や学校は、2，3年で確実な成果を上げるようになっていった。最近の実践事例集、市川伸一・植阪友理編著（2016）『最新

教えて考えさせる授業　小学校』（図書文化社），市川伸一編著（2017）『授業からの学校改革──「教えて考えさせる授業」による主体的・対話的で深い習得』（図書文化社）には，そうした様子が指導案・授業記録とともに紹介されている。

　とはいえ，問題がないわけではない。「教えて考えさせる授業」はオーソドックスな授業に見えて，それぞれの教師にとって，それまでやってきた自分なりのスタイルとはかなり異なることもある。教科によっても，やりやすさ，やりにくさがある。導入することを決めた学校でも，教師間で大きな温度差があることがむしろ普通である。小学校では，まず算数を共通のテーマにして入ることが多いのでまだよい。算数は習得目標がはっきりしているし，やってみると子どもたちの反応もよく，学力も明確に上がっていく。授業検討会でも，すべての教師が積極的に議論できる。学校全体の士気が上がり，そこからしだいに他教科でもいい実践が出てくる。

　これが，中学校・高校となると，なかなか難しい。「教えて考えさせる授業」に限ったことではないが，教科の壁をどう克服して，学校全体での授業研究をすすめられるかが大きなハードルになる。とくに，国語科や社会科では，何を習得目標とするのか，何を生徒に教えておくとよいのかを，教師のほうがよほどしっかり考えないと，「教えて考えさせる授業」にのりにくい。もちろん，国語でも，言語事項や，技能的な内容は，目標や指導すべき点が比較的はっきりしている。まずは，そういうところから始めればよいし，いずれは，力量のある教師が，文章読解や鑑賞といった分野でも，モデルとなる実践を提供してくれるだろうと筆者は期待していた。また，教科の壁は確かに高いとしても，「教えて考えさせる授業」という共通の授業構成があり，生徒の目線でお互いの授業を批判的に検討し合って改善を図るような学校風土とシステムができれば，それぞれの授業力を高め合うような研修体制ができるのではないかと思っていた。それをまさに実現してくれたのが，国語教師であった刀祢美智枝教諭であり，美祢市立於福中学校であったということになる。

4　中教審の動きと新学習指導要領

　上記のような学校現場での展開と並行して，筆者は中央教育審議会の教育課程部会で，2001年以降何回か意見発表をする機会があった。当時は，「ゆとりの集大成」と言われた1998年改訂の指導要領の全面実施（2002年度）の直前であったにもかかわらず，学力低下論の厳しい批判を受けて，中教審や文部科学省としては，学力向上をスローガンにしていた。ちなみに，2002年1月の遠山文部科学大臣の緊急アピール「学びのすすめ」の中では，「ゆとり」という言葉は一切使われておらず，放課後学習や家庭学習の重要さまで説かれている。しかし，中教審や文部科学省は学力低下論に押されてかつて知識偏重と言われたころの教育に逆戻りしようとしたわけではない。次の改訂に向けて，基礎学力の回復をめざしながらも，「生きる力」「人

間力」「習得・活用・探究」というようなコンセプトは生かしていこうとしていた。

　このころの中教審では，教師が教えることに躊躇する傾向が学校現場に根強くあり，それが学力低下の一因ともなったという認識が共有されるようになり，「教えて考えさせる」というフレーズは，2005年から中教審答申でも使われるようになった。現行の学習指導要領の改訂方針をまとめた2008年1月の中教審答申では，

> 「自ら学び自ら考える力を育成する」という学校教育にとっての大きな理念は，日々の授業において，教師が子どもたちに教えることを抑制するよう求めるものではなく，教えて考えさせる指導を徹底し，基礎的・基本的な知識・技能の習得を図ることが重要なことは言うまでもない。(p.18)

というかなり厳しい表現となって盛り込まれている。

　2008年3月，現行の指導要領が公示され，その後，「教えて考えさせる授業」も前節で述べたような展開を見せて来た。すでにその前から，改訂の方向性は報道を通じて流されており，自治体も学力向上を謳うようになっていたころである。国際学力調査PISAにおいて，日本は2009年，2012年と，V字回復と言われるような上昇を見せた。文部科学省が2007年以降実施している全国学力・学力状況調査では，都道府県の上位・下位の差はしだいに縮小する傾向にあった。

　さらに，2014年11月には，下村文部科学大臣の諮問を受けて次の指導要領の改訂に向けての議論が開始された。この諮問文にあった「アクティブ・ラーニング」が，中教審でも教育界でも大きなキーワードとなったことは記憶に新しいであろう。ここでまた，教師が教えることをせずに，児童生徒に活動させることばかり重視するような論者や実践が目立つようになるが，そうした偏ったとらえ方にならないよう，2016年12月の中教審答申では，教師の教授行動と学習者の活動とのバランスが随所で強調されている。例えば，

> 質の高い深い学びを目指す中で，教員には，指導方法を工夫して必要な知識・技能を教授しながら，それに加えて，子供たちの思考を深めるために発言を促したり，気付いていない視点を提示したりするなど，学びに必要な指導の在り方を追究し，必要な学習環境を積極的に設定していくことが求められる。そうした中で，着実な習得の学習が展開されてこそ，主体的・能動的な活用・探究の学習を展開することができると考えられる。(p. 52)

のような一節である。こうした点を見過ごしてしまうと，つい一面的な解釈に流れてしまう。

序章　「教えて考えさせる授業」と中学校国語科授業づくりの趣旨　15

アクティブ・ラーニングという用語自体よりも，「主体的・対話的で深い学び」という表現が使われるようになってきたのも，まさに，「ただアクティブにすればよい」のではないことをより強調し，その趣旨やねらいを明確にするためと考えてよいだろう。2017年3月には，小学校・中学校の新学習指導要領が公示され，すでに詳細な解説編も文部科学省から出されている。教育委員会や各学校も，そこに示された教育の基本的な理念と方法をとらえて，基礎基本的な知識・技能はもとより，思考力・判断力・表現力や学びに向かう力を育成する授業を展開することが求められているところである。

（市川　伸一）

5　中学校国語科「教えて考えさせる授業」の展開

　「教えて考えさせる授業」を初めて知ったとき，自分がしたかった授業はこういうものだったのではないかと感じた。勤務校で，「教えて考えさせる授業」を全教科で実施するという研修計画が立てられ，小学校算数科の実践事例を読んだときは「こうするのか，これはいいな。」と思った。しかし，その頃紹介されていた国語科の実践例はまだ少なく，自分が実際にどのような授業をするかという具体的イメージはつかみにくかった。悩んでいるうちに，これまで多くの生徒から「国語は苦手だ。」「国語は授業以外に何を勉強したらいいかわからない。」「定期テスト前の国語の勉強は，ワークブックと漢字の練習をするぐらいしか思いつかない。」などという言葉を聞いてきたことが頭に浮かんだ。

　例えば，漢字を覚えるときに，ただやみくもに何度も書かなくても覚える方法はある。「会意」「形声」などの漢字の成り立ちを理解していれば，複雑な漢字もすでに知っている漢字の部分を組み合わせることで意味を理解し覚えることができる。部首の意味がわかれば，「テツヤで勉強した。」の「徹」を「撤」と書き誤ることもない。

　漢字に限らずこのような技能を自然に身に付けて使いこなせる生徒もいるが，そうでない生徒たちが国語を苦手としている。そこで，国語科の「教えて考えさせる授業」を，国語科の技能教科としての側面を生かして，すべての生徒をその学習のねらうところに到達させる方法ととらえてみてはどうだろうかと考え，取り組むこととした。「話す・聞く」，「書く」領域および言語事項に関しては，生徒の習得すべき内容が明確で，教科書にも学習内容や流れが示されているので，授業の組み立ては考えやすいように思われた。

　しかし，実際に授業をしてみると，「習得すべき内容をきちんと説明しなければ」という思いにとらわれて，どうしても授業序盤の説明の時間が長くなってしまう。時間をかけたいところは，理解状況を確認して理解深化課題に取り組ませる段階と振り返り活動である。そのために工夫した点は，

1　予習を取り入れ，生徒が学習の見通しをもち，教科書を読んでもわからないところを明らかにして授業に臨めるようにすること。
2　生徒のよくわからないところや難しいところに説明を焦点化すること。
3　50分の授業のうち，説明は10分でできるようにすること。
　（理解確認に10分，理解深化に25分，自己評価に５分というめやす）

である。１については，教科書を読んでわからないところに線を引いたり付箋を貼ったりすることや，簡単な予習プリントを用意して教科書を読みながらポイントを記入することなどの予習課題を与え，生徒に取り組ませた。２については，生徒にとって難しいところやつまずきそうなところを予想して（「困難度査定」として指導案にも位置付ける），そこを重点的に説明することとした。また，予習の状況を授業前に確認し，そこで生徒がよくわかっていないところを把握して授業で説明するようにした。少人数の学級では，登校後すぐに課題を集めて確認してから授業に臨むことができる。人数の多い学級では，授業前か初めに，机上に置かせた課題を巡回しながら確認したり，難しかったところを挙手により確認したりしている。この方法が軌道に乗り始めたころ，生徒から「予習でわからなかったところが授業でわかるから嬉しい。」という発言も出るようになった。３については，内容によっては，説明段階に時間がかかってしまうことが多い。しかし，理解確認で生徒の状況をつかみ，理解深化で生徒が十分時間をとって課題に取り組んだり話し合ったりする時間を確保するためにも，簡潔でわかりやすい説明の仕方を心がけたい。小説や説明文を扱う授業では，はじめにその日に扱う文章を音読（教師，生徒またはCD等）し，この活動でかなりの時間を取ることが多い。これも，予習でポイントを定めて読んでおくことを課題とするようにした。本校は授業開始２分前に生徒は着席することになっているが，その段階で教科書を開き，その日扱う部分に目を通す生徒もいる。授業の後半にゆとりをもたせ，振り返り活動までの段階を，後述のように授業の中に確実に位置付けていきたい。
　次に課題になったことは，「理解深化課題」の設定の仕方である。市川伸一先生は，理解深化課題の主な型として

1　子どもが誤解しがちな問題
2　習ったことを応用・発展させる問題
3　試行錯誤による技能の習得

の三つを挙げられている。漢字や文法の学習では１や２，書写では３のタイプの課題が設定しやすいと思われた。生徒が取り組む中で，説明されたことやその授業で習得すべきことの意味を深く理解するためには，ただ難しい課題を与えればよいというものではない。深い理解に至

るための課題，他の場面や課題にも対応できる「考えがいのある」課題ということを考えれば，設定も難しく思われた。

　そこで意識し始めたのが，自己評価（授業を振り返ってわかったことやまだよくわからないことの記述）に見える理解が深まった状態の生徒の姿をイメージし，どのような理解深化課題に取り組ませればその評価が生徒から出てくるかということである。授業を振り返って「○○とは，……ということだとわかった。」「△△するためには，……するとよい。」「今日学習したことは，……という場面で使える。」などの気付きが記述される理解深化課題をつくるという発想で課題を考えた。

　国語科以外の教科でも，次のような順序で指導案を考えるようになった。

1　本時のねらい（習得する内容）を明確にする。
2　授業後の生徒の姿（自己評価）を予測する。
3　2の自己評価につながる理解深化課題を設定する。
4　理解深化課題に取り組むためにわかっておかないといけないことを確かめるための，理解確認の方法を考える。
5　確認すべきことを念頭に置いて，生徒にとって難しいところはどこか，何をどう説明するかを考える。
6　説明の焦点化と生徒の状態を知るための予習課題を設定する。

　2年生の文法の例を挙げる。付属語の副助詞を扱うとき，「副助詞はいろいろな語についてさまざまな意味を付け加える働きをする」ことを理解した生徒に，「副助詞が違うと文の意味がかなり変わってくる。」「これから文章を書くとき，自分の思いを伝えるために副助詞を効果的に使っていきたい。」という振り返りを記述してほしい。そのための理解深化課題は，『テレビショッピングでお肌がきれいになるクリームを売ります。視聴者が思わず買いたくなるような台本を，副助詞を三種類以上使って書きましょう。』というものにした。理解確認では，「スープがおいしいラーメン」「スープもおいしいラーメン」「スープはおいしいラーメン」の違いを，2人組を作ってそれぞれ説明させた。授業の前半では，「は」を格助詞と考える生徒が多いので，「は」の働きは単に主語を示すだけではないことや，副助詞の働きとして教科書に書かれている「取り立てる」「極端な例」「呼応」など生徒がイメージをつかみにくい言葉について説明した。予習として，教科書の該当ページを読みながら文中にあてはまる副助詞を空欄に記入する課題プリントに取り組ませた。

　この授業では，理解深化課題にまず個人で取り組ませ，その後，四人の班を作って各班のベストアンサーを決め，何班か発表させた。口答で発表した内容のうち副助詞を使った部分を板書で示し，副助詞がどんな単語に付いているか，どんな効果を上げているか確認して，副助詞

の働きを理解することができた。

　授業の最後の段階である自己評価の前に，その授業の内容をまず教師が振り返る。板書の右端に示した授業のねらいを起点に，左に向かって移動しながら，説明，理解確認，理解深化のポイントを確認する。その後，生徒がワークシートに記述する。そのことで，生徒は自分がどこまで理解したのかを確認しながら授業を振り返ることができる。振り返りは，感想を記述する生徒が多いが，「この時間にわかったことを小さなことでも具体的に書きましょう。」「これからの生活や学習に役立つと感じたことは何かな。」「予習の段階と比べて，よくわかったと感じるのはどんなことでしょう。」などのアドバイスを繰り返すことで，徐々に自分の理解状況について書けるようになってくる。よくわからなかったことを挙げて質問をする生徒も出てくるので，個人や場合によっては学級全体に対して説明を加えることもある。

　板書を見ながら一時間の授業を振り返ることができるように，またチョークやペンの色を工夫して授業のポイントがわかるように板書の構造を考える。そして，授業では基本的に自作のワークシートを使っている。ワークシートは，特に説明の部分が板書と同じ配置になるようにして，生徒が授業のポイントを確認しながら書き込めるようにした。書き写すことが苦手な生徒の負担感を減らす，あらかじめ表の枠などを印刷して書く作業に要する時間を短縮するという目的もある。教える側にとっても，板書とリンクしたワークシートづくりが板書計画を立てることにもなっている。

　このようにして，国語科の「教えて考えさせる授業」のレパートリーを増やしていった。当初は，実施できるところで取り入れていこうという取組であった。しかし，「教えて考えさせる授業」は，すべての教科で日常的な授業の型として実施することができると，よりスムーズに行うことができる。そのため，研修三年次からは，すべての授業を「教えて考えさせる授業」の四段階で行うこととなった。最も難しく感じられ，実はあまり実施していなかったのが「読む」領域である。国語を苦手とする生徒が最も苦労するのが読解であるとすれば，何を教え，何を考えさせ習得させるのか。試行錯誤しながら「説明的な文章」「文学的な文章」「古典」でも「教えて考えさせる授業」に取り組んだ。それらの授業づくりについては，この後，項目を設けて述べたいと思う。

6　説明的な文章と「教えて考えさせる授業」

　漢字や文法などの授業とは異なり，長い文章を読む教材では，「教えて考えさせる授業」をどのようにつくればよいのだろうか。文章をいくつかの部分に分けて，順番に何時間かかけて読んでいくという学習では，その文章を理解しただけで終わってしまう。説明文の「教えて考えさせる授業」を考える上で意識したのは，その文章を読み取るだけでなく，他の文章を読むときにもあてはまる知識技能をその文章を読みながら身に付けるということである。平成20年

版学習指導要領（以下同）には，第1学年で「中心的な部分と付加的な部分や事実と意見などとを読み分け，要約したり要旨をとらえたりすること」，第2学年では「文章全体と部分との関係や例示の効果について考えること」，第3学年では「文章の論理の展開の仕方をとらえること」とある。各学年，そして3年間の学習の中でこれらを達成できるように，教科書掲載のどの教材で何を身に付けさせるのかを考え，計画的に取り組むことが必要である。

この教材を読むことで何を身に付けさせるか，という視点で教科書を見直した。それぞれの教材の前後に，学習の目標やその教材で身に付ける力や学習の見通し，学習を通して身に付ける力のポイントが具体的に示されている。そこで，これを活用して「説明文の読解に必要な基礎的な知識技能を習得する」授業を「教えて考えさせる授業」で実施した。

第1章1では，中学校入学後に1年生が初めて学習する説明文「ダイコンは大きな根？」（光村図書，国語1）を紹介している。3時間扱いの2時間目に，「中心的な部分と付加的な部分を読み分ける」ことをねらった授業を実施した。教科書の巻末に「説明的な文章を読むために」というタイトルで8項目が示されている。ここに，「中心的な部分・付加的な部分」という項目があるので，そこを読んでから本文の各段落の中心的な部分に線を引いてみることを予習課題とした。授業では，まず，冒頭から4段落目までを使って中心的な部分の見分け方のポイントを解説し，段落の要点としてまとめる際には段落内の別の部分から内容を補う場合もあることを説明した。理解確認では，別の段落を取り上げて中心がどの文になるかを説明させた。具体例を挙げた部分が付加的な部分であり，その前の一文がこの段落の中心となることをほとんどの生徒が説明できた。理解深化課題は，「後半四つの段落について，中心文を使って各段落の要点をまとめる」というものである。生徒の自己評価には，この時間に身に付けたこととして「接続詞に着目すること」「具体例を見分けること」「問題提起の文に注意して答えになっている文を探すこと」などが挙げられた。この授業を行って気づいたことは，生徒が何となく読むときにしていたことに明確な理由や根拠を示すことで，それらが知識技能として意識できるものになるということである。

第1学年では，次の教材「ちょっと立ち止まって」で，「文章の構成—序論・本論・結論」「文章と図の対応」を取り上げる。また，三段構成の文章を実際に書くことを通して「序論・本論・結論」の構成についての理解を深める。2学期には，「シカの『落穂拾い』」で「事実と意見の読み分け」「表現の工夫（図表の役割）」を取り上げる。3学期には，「幻の魚は生きていた」で「要旨をとらえ文章にまとめる」活動をする。こうして，文章のまとまりを意識して筆者の考えを読み取ったり，図表をもとに文章の構造をとらえて内容を理解したり，文末に注意しながら筆者の意見やその根拠を読み取ったりする技能を身に付ける。

第2学年では，「生物が記録する科学」で「事実と考えの読み分け」「具体例の効果」を取り上げた。文末の表現に注目して読み分けることを説明し，理解深化課題では，文中の筆者の提示する疑問に対する答が実験・観察の結果（事実）と考察（考え）であるなど気付いたことを

説明させた。「モアイは語る」で「全体と部分の関係」を,「君は『最後の晩餐』を知っているか」で「文章から読み取ったことについて自分の考えをもつこと」を取り上げる。第3学年では,「月の起源を探る」で説明の順序に着目させながら「論理の展開の仕方」を,「新聞の社説を比較して読もう」で「論理の展開の仕方」や「文章を読み比べるときの視点」を取り上げる。学年が進むに従って,前の学年と重なりながら新たな深い読み方を身に付けていけるよう,3年間を見通した計画をもつことが大切になる。また,「読むこと」の指導には「書くこと」をリンクさせ,読み取ったことを自分が書くときに役立てるという意識をもたせたい。

　「教えて考えさせる授業」に取り組む中で,教科書は,教材の前後に示された目標や学習の流れにある内容が,年間を通して必要な知識技能が習得できるように構成されていることを実感した。これらを共通のリソースとして活用することで,「教えて考えさせる授業」は実施しやすくなる。しかし,ただ教科書に書かれているとおりに学習を進めていくのではなく,それぞれの教材で身に付けさせる知識技能を明確にし,より深くそれらを身に付けることのできる深化課題を工夫して毎時間の授業をつくるということは意識しておきたい。

7　文学的な文章と「教えて考えさせる授業」

　文学的な文章の授業でも,説明的な文章の場合と同様に,その作品を読み味わうだけでなく,学習を通して文学的な文章を読み味わうために必要な知識技能を習得するということを意識した。学習指導要領では,文章の解釈に関する指導事項として,内容の理解に役立てるうえで第1学年は「場面の展開や登場人物などの描写に注意して読む」,第2学年では「登場人物の言動の意味などを考え」,第3学年では「場面や登場人物の設定の仕方をとらえ」と示されている。これらに必要な知識技能も,教科書にある教材の前後の説明を取り上げて授業で扱うようにした。

　第1学年では,最初に読む物語「花曇りの向こう」で,教科書巻末に「文学的な文章を読むために」として挙げられている中から「登場人物の心情」という項目を取り上げて説明した。予習として,登場人物の心情が書かれていると思う部分に線を引かせる。授業では,まず感情を表す言葉を使った描写,登場人物の言動,人物の気持ちを反映させた情景描写の三種類を本文中の例を挙げて説明する。その後,理解確認として予習で線を引いた部分がどれに該当するかを二人組で説明させ,全体で確認する。理解深化課題としては,その日の主人公の日記を書かせる。そうすると,読み取ったことを作品の展開に沿って構成し,その日の主人公の思いを自分なりの言葉で表現できる。

　第1章7では「少年の日の思い出」の後半部分を取り上げている。この作品では「僕」の目を通してエーミールが描かれているが,理解深化課題ではクジャクヤママユをこわされた日のエーミールの日記を書かせた。その場面の描写から読み取った軽蔑や怒りだけでなく,他の場

面から考えた日頃の「僕」に対する思いも盛り込んで，作品全体をより深く読むことができた
生徒も多かった。

　第2章2では「字のない葉書」の前半部分を取り上げた。予習でつかんだ人物像をとらえる
手がかりになる表現から，手紙の中の父と実際の父を比較させる。理解確認では，父親が多く
の手紙を書き送った理由を説明することで，人物像と共に父親の思いを読み取らせた。生徒か
らは娘に対する愛情や心遣いの他にも，父親も寂しい，手紙でなら娘に優しい態度が取れるな
どの理由が挙げられた。理解深化課題は，大人になった筆者が父親に手紙を書くこととした。
生徒は，多くの手紙を書き送った父親の行動には自分に向けられた愛情が込められていたこと，
父に対する感謝や懐かしさなどを書くことができた。このことが，次の場面の妹に対する家族
の心情を読み取る学習にもつながった。

　第3章3では「故郷」を取り上げた。自分が中学生のときもそうだったが，ヤンおばさんと
いう人物については，生徒は嫌な感じの人だな，という程度の感想しかもたないことが多い。
この人物の設定にも作者の意図があることを生徒に理解させ，作品に描かれた社会の状況につ
いて読みを深めたい。予習では，簡単な表を作って記憶にある姿と目の前にいるヤンおばさん
を対照できるようまとめさせた。授業では，外見や内面の変化を確認し，それぞれの変化の理
由を確認していった。理解確認では，ヤンおばさんが変わった理由をまとめて二人組でお互い
に説明させた。ここで，年月の経過だけでなく故郷の村が寂れたことや貧しく厳しい生活の中
で性格や行動も変わったことを確認した。理解深化課題は，この人物を登場させた作者の意図
を考えさせた。生徒からは，故郷が変化したことや村が寂れたことを一人の人物で表現してい
る，「私」と村の人々の格差を表現している，などの考えが出された。次に登場するルントウ
の予告編のようなものという意見もあった。

　これらの授業で取り組ませた理解深化課題は，教科書の教材の後のページに示されているも
のや，それに少し手を加えた物が多い。生徒全員が課題に取り組めるように，考えるために必
要な情報を授業前半で説明し，理解状況を確認してから個人やグループで考えていく。その作
品や場面を読み取るために必要な知識技能は一つではないが，「教えて考えさせる授業」の形
で，その時間の中心となるものに絞り込んで取り上げることで，読むことを苦手とする生徒も，
理解状況を見て説明を加えたり板書を手がかりにさせたりすると，課題に取り組むことができ
る。この学習の積み重ねで，総合的に文学作品を読み取る力を伸ばしていきたい。

8 　古典と「教えて考えさせる授業」

　古典の授業では，身に付けるべきものとして歴史的仮名遣い，古語，訓読の仕方，音読など
の事項が学習指導要領にも明記されている。小学校の段階では，内容の大体を知り音読するこ
とであったものから，具体的な知識や技能が習得すべき事柄として示されるようになる。第1

学年で指導する事項である訓読の仕方を例に挙げると，教科書の教材「矛盾」は，書き下し文と全文の現代語訳が挿絵と共に掲載され，漢文訓読については別のページで返り点，送り仮名について解説されている。そのページに「矛盾」の書き下し文が一部引用されている。第1学年の段階では，まず音読に慣れさせ，現代語訳を手掛かりにして作品の内容を理解させる。そのうえで，訓読の仕方を1時間計画で取り立てて指導した。（第1章2「今に生きる言葉／故事成語『矛盾』」）

　漢文の訓読は，中国語を日本語として読むために先人が編み出した方法であることや，文法の違いに対応するために返り点があり，訓読みや付属語に適応させるために送り仮名をつけたことなどを説明する。予習として教科書の説明を読んだ時点である程度わかっている生徒もいるが，返り点，送り仮名のきまりを板書で丁寧に説明する。理解確認では，簡単な訓読の問題に取り組ませるだけでなく，漢文訓読とはどのようなことか（教師による説明や教科書の記述からわかったこと）を説明させる。この活動で，自分たちが取り組んでいる課題の意味を確認する（問題を解くだけでは，機械的に文字の順序を変える記号として返り点をとらえてしまう）。この時間の理解深化課題は，「矛盾」の白文に返り点と送り仮名を記入するというもので，生徒にとってかなり難しい課題だった。しかし，既に暗記するほど読み慣れている書き下し文を手がかりに，4人の班で話し合ったり，出来上がったものを読んで確認したりしながら理解を深めていった。早く理解できた生徒にとっては，班の中でまだよくわかっていない生徒に説明をしながら，自分の理解が不十分だった点を補い，より理解を確かなものに深める場面となった。

　また，学習指導要領では，小学校からの項目に続いて，古典の世界について第1学年では「触れる」，第2学年では「楽しむ」，第3学年では「親しむ」とされている。さらに，第1学年では「古典特有のリズムを味わいながら」「様々な種類の作品があることを知る」，第2学年では「作品の特徴を生かして朗読」「ものの見方や考え方に触れ，登場人物や作者の思いなどを想像」，第3学年では「歴史的背景などに注意して古典を読み」「古典に関する簡単な文章を書く」などのように，「読むこと」「書くこと」も含めた学習内容の深まりが示されている。

　第2学年では，「平家物語」を学習する。「ものの見方や考え方に触れ，登場人物や作者の思いなどを想像」する学習として，第2章3では，「『平家物語』を貫く無常観を古文から読み解く」という理解深化課題を紹介する。現代語訳を参考に読み取った場面の情景，鏑矢と扇の動き，冒頭部分などから作品を通して漂っている「無常観」を読み取らせ，作品のテーマをより深く理解させることをねらっている。

　第2章4では，「源平両軍の反応をリポートしよう」というもので，「感じたり」「どよめきけり」と表現されている両軍の武士たちの状況を実況やインタビューなどの工夫をしながら自分の言葉で語らせることを通して，登場人物の思いを読み取らせる課題である。

　第3学年では，「歴史的背景などに注意して古典を読む」学習として，第3章4「思いが伝

わる『撰者の言葉』を書こう」を設定した。年表や資料集を使って遣唐使の廃止や国風文化の興隆を説明してから，紀貫之の「和歌」に寄せる思いを想像し，現代の書籍に添えられた帯や書店のポップの文章を書くという課題である。授業の終わりに全員で音読した「仮名序」は，読み取った作者の思いを反映して力強いものになった。

また，「古典に関する簡単な文章を書く」学習としては，「論語」の孔子の言葉を引用して中学生の学習相談に回答するという課題を設定した。この学習を通して，生徒は孔子の言葉を自分たちの学習という具体的な場面にあてはめて，自分たちの学習活動のあり方を文章に書くことができた。

「教えて考えさせる授業」は，古典の基礎的な知識技能の習得に効果的である。また，内容を読み取るだけでなく，それらを生徒が書いたり朗読したりする活動，ロールプレイなどで実演する活動，自分たちの身近な例を挙げて考えさせる活動などの理解深化課題を工夫することで，古典の世界により親しみをもたせることができる。

9　話す・聞く活動と「教えて考えさせる授業」

「話すこと・聞くこと」については，学習指導要領で，それぞれの学年で指導する内容が，話題設定や取材，話すこと，聞くこと，話し合うことについて具体的に示されている。教科書の構成も，一時間または数時間で学習するように計画された教材が各学年で設定されている。これらの教材は，習得する知識技能が明確に示されているので，「教えて考えさせる授業」として実施することが容易である。

第1学年の教科書では，オリエンテーション段階の数ページの中に，「声を届ける」というタイトルで音読・発表の仕方が取り上げられている。中学校の学習が始まったばかりの段階は，「教えて考えさせる授業」の構成を生徒にも授業の型として理解させる時期でもあり，丁寧に行いたい。予習として教科書の該当ページを読んでくることを指示し，音読・発表するときに気を付けることとしていくつか挙げられているポイントを具体的な話し方を示しながら説明する。理解確認としては，隣の席の生徒と二人組で向かい合い，定められた話題で短い話をそれぞれ伝える活動をする。好きな季節とその理由を書き，相手に聞こえるように読ませた。ここで，説明したポイントを意識して話せたかを確認する。理解深化課題は，同じ話を相手の表情を見ながら話すこととした。机を移動して4人班をつくり，他の3人の反応を確認しながら話す。1人の相手に読み聞かせるときと，班のみんなに聞こえるように話すときの違いとして，声量や速さが変わることに気付かせる。最後に自己評価として，これからの学習に役立てたいことや難しかったこと，これから気を付けたいことなどを記述させる。数名の生徒に書いたことを発表させ，学級全体に声を届けるときはさらに声量やスピードが変わることを確認した。

スピーチやプレゼンテーションなどの発表や，パネルディスカッションや会議などの話し合

い活動は，発表も含めて複数の時間で指導する教材として設定されている。これらも，「教え
て考えさせる授業」で時間ごとに習得する知識や技能を明確に生徒に示す。すると，それぞれ
の活動で身に付けることはその学習だけの内容ではなく，学校や社会の生活の中で生かせるも
のであることを意識させることができる。第2学年の教材であるプレゼンテーションは職場体
験学習，第3学年の教材である相手を意識したスピーチは修学旅行の体験など，各学年の行事
とリンクさせて，身に付けたことを生かせる場面があれば，そのための技能として生徒も意識
的に取り組める。

　第1章6で紹介しているのは，教科書にはない読書指導の題材である。学習ガイダンスとし
ての学校図書館（図書室内の書架の配置や日本十進分類法など）の説明の後，NDC（日本十
進分類法）の異なる本を書架から複数選ばせた。その上で，4人班で自分の選んだ本について
話し，聞くという理解深化課題を設定した。また，第3章1で紹介しているのは，高校入試の
際の面接を意識した題材で，これも教科書にはないものである。これらの学習は生活に結び付
いていて生徒の関心も高く，意欲的な取り組みが期待される。

　面接指導は，通常は学級や学年の進路指導計画の中に位置付けられるが，これを国語科の
「教えて考えさせる授業」として言葉遣いを中心に行うという発想で計画したものである。授
業のねらいを「場の状況や相手の様子に応じて話すとともに，敬語を適切に使うこと」として，
入試面接という場にふさわしい言葉遣いと敬語の使い方を，生徒が困りそうなことや間違えそ
うなことを中心に説明した。中学生が使いがちな誤った表現を訂正させて説明の理解状況を確
認してから，理解深化課題として4人班で模擬面接に取り組ませた。人数の少ない学級では，
管理職や学年主任に依頼して面接官を担当してもらうこともできる。緊張感をもって取り組む
中で，生徒は自分の言葉遣いを振り返ることができる。人数の多い学級では，生徒が交代で面
接官役と受験生役を担当するようにしたが，お互いの応答についてメモをとりアドバイスをす
る前提で他の生徒もよく聞いているため，緊張感をもって取り組むことができた。この授業を
振り返って，生徒は日頃から正しい言葉遣いで話すことの大切さや，相手の質問を正しく聞き
取って自分の考えや経験などをわかりやすい構成で話すことの大切さと難しさを実感していた。

　他の領域と同様に，「教えて考えさせる授業」としては，特別に難しい授業を仕組んでいる
わけではない。その時間の目標と習得すべきことを丁寧に説明し，生徒の理解状況を把握しな
がら次の段階に進めていく。生徒が課題に取り組む中で理解を深めていくこと，生徒にも自分
の理解状況をとらえさせることをめざした。

（刀禰美智枝）

第1章

1年生の「教えて考えさせる授業」づくり

1 「ダイコンは大きな根?」
  中心文を見つけて段落の要点をまとめよう
2 「今に生きる言葉／故事成語『矛盾』」
  「訓読文」から古典特有のリズムをつかもう
3 「さまざまな表現技法」
  比喩を使って「くまモン日記」を書こう
4 「指示する語句と接続する語句」
  前後の関係を考えて言葉を選ぼう
5 「漢字の組み立てと部首」
  なぜこの部首なのかを説明しよう
6 「読書指導」(自作教材)
  学校図書館を探検しよう
7 「少年の日の思い出」
  エーミールの立場で「僕」を紹介しよう
8 「音読を楽しもう　いろは歌」
  なぜ,千年前から今も使われているの?

「ダイコンは大きな根？」（光村図書・平成24年度版）

1 中心文を見つけて段落の要点をまとめよう

※書籍化にあたって再構成したため，授業展開と板書・ワークシートは一部異なる。

単元の目標

- 植物として見たときのダイコンについて説明した文章を読み，新しい知識を得たり，自分の考えを広げたりしようとする態度を養う。
- 段落の役割に着目して内容を的確に読み取ったり，要約したりさせる。
- 辞書的な意味をもとに文脈の中における語句の意味を的確にとらえたり，文章と図を照らし合わせて専門的な語句の意味をとらえたりさせる。

単元指導計画　全3時間　（本時2時間目）

時間	ねらい
1	筆者がこの文章を通して読み手に伝えたいことをとらえ説明することができる。
2	段落の中心となる文に着目し，各段落の要点をまとめることができる。
3	各段落の役割に注目して，文章全体の構造を説明することができる。

本時の理解深化課題

○段落の中心文を見極め，それを使って各段落の要点をまとめる。

本時の困難度査定とその対応

- 段落の中で，中心となる内容を含む文（部分）を見極めることが難しい。
  - →中心文を探すときのコツを四つのポイントに分けて説明する。文章中に出てくる「例えば」の後に具体例が挙げられていることや，「つまり」の後にそれまで述べたことのまとめが書かれていることなどを，中心文を見つける手がかりにさせる。
- 要点をまとめるとき，中心文に補う内容を読み取ることが難しい。
  - →一文のみでまとめになりにくい場合は，前後の段落の内容や関係を考えて，足りない部分（主語や修飾語，文末の「から」など）を補うとまとめにしやすいことを，例を挙げて説明する。

本時の授業展開

予習	・「ダイコンは大きな根？」の各段落（10段落構成）の中心になる一文に線を引かせる。
説明 (10分)	・説明文の段落の中心文を見つける主な方法 　①段落の始めか終わり（一般的に） 　②問題提起と答え……段落②（問題提起），段落④（答え） 　③具体例の前後（「例えば」に注目して具体例とそれ以外に分ける　など） 　　　　　　　　　　　　　　　　　　　　　　　　　　　　……段落① 　④接続語「つまり」の後……段落④ ・中心文を踏まえた要点のまとめ方 　⑤中心文がそのまま要点になる。……段落②・④ 　⑥必要に応じて中心文に他の部分を補う。……段落① 　（私たちが食べている）野菜は植物ですから，根や葉，茎，花，実などの器官からできています。 　※①〜⑥のポイントについて，段落①　〜　④を使って説明する。
理解確認 (10分)	○段落⑨の中心文を挙げ，その理由を説明させる。 　※説明のポイント③を踏まえて，段落最初の一文が中心であることを答えさせ，それが筆者の考えでありその後に「例えば」以下，具体例が挙げられていることを説明させる。
理解深化 (25分)	○段落⑤から⑧の中心文を探し，中心文を使って段落⑤から⑧の要点をまとめさせる。 　※①〜④のポイントを踏まえて中心文を見つけさせ，⑤⑥のポイントを踏まえて要点をまとめさせる。 　※段落⑤の問題提起に対して，段落⑥が胚軸，⑦と⑧が主根について答えていることが生徒から出なければ，ヒントとして説明する。
自己評価 (5分)	・予習からの本時の学習を振り返り，わかったことやまだよくわからないことを記述し，発表させる。
復習	・段落⑨・⑩の要点をまとめさせる。 　※本時の習得内容に沿って中心文を見つけ，要点をまとめられているかを確認する。

困難度査定に対応した授業アイディア

　段落⑤から⑧の中心となる部分を探し，各段落の要点をまとめさせる。四つの段落は問題提起（段落⑤）と二つの答え（段落⑥，⑦と⑧）なので，方法②をあてはめることができる。

　段落⑤では，「なぜ味がちがうのか」だけでなく「器官が違うと味がちがう（どの器官はどんな味なのか）」の二つのことを問うていることに気付くと，その答を探すことは容易になる。しかし，⑥は中心文（胚軸は，根で吸収した水分を地上の茎や葉に送り，葉で作られた糖分などの栄養分を根に送る役割をしているからです。）の内容だけでは要点にならないため，他の部分（胚軸の部分は水分が多く，甘みがある）を補う必要がある。また，段落⑦と⑧は二段落で答えになっているため，両方を合わせると段落⑥と同様に要点をまとめることができる。このときに，段落⑧では，「根の部分が辛いこと」の理由が説明されているので，段落の要点としてまとめるときは文末を，理由を表す「〜から。」にしなければならない。前後の段落との関係にも注意しながら中心文を見つけさせ，グループで話し合いながら要点をまとめさせたい。

　生徒は説明文の読み取りを苦手とする傾向があるが，中心文を探すことで要点がつかめ，文章全体の構成や内容も理解できるということに気付いてほしい。また，段落の中心文を見つける方法を，今後の文章読解に活かせるという手応えを得てほしい。

《生徒解答》
⑤　なぜ器官ごとに味が違ってくるのでしょう。
⑥　胚軸は，根で吸収した水分を地上の茎や葉に送り，葉で作られた糖分などを根に送る役割をしているから甘いのです。
⑦　根の部分は，辛いのが特徴です。
⑧　それは，虫の害から身を守るため，辛味成分を蓄えているからです。

 板書

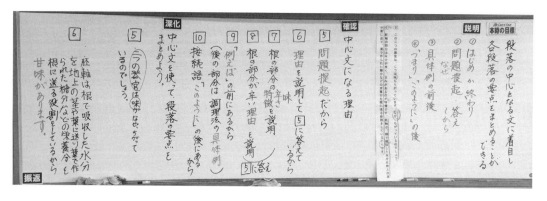

学びの深まりを見取る評価のポイント

・接続語や具体例に目を付けて段落の中心文を見つける方法がわかった。
・今日教えてもらったことを，このような説明文でこれから使っていきたい。

(生徒自己評価より)

 ワークシート例

段落の中心となる文に着目し、各段落の要点をまとめることができる。

段落の中心文 の見つけ方
①段落の始めか終わりにあることが多い
②問題提起と答になっている文である…段落 □
③具体例の前後にある…段落 □
④接続語「つまり」「このように」の後にある…段落 □

段落の要点のまとめ の書き方
ⓐ中心文がそのまま要点になる…段落 □
ⓑ中心文に、必要に応じて他の部分を補う…段落 □

【確認】段落 8 の中心文はどこかを説明しよう

【深化】段落 4〜7 の要点をまとめよう

4
5
6
7

第1章 1年生の「教えて考えさせる授業」づくり 31

「今に生きる言葉／故事成語『矛盾』」（光村図書・平成24年度版）

2 「訓読文」から古典特有のリズムをつかもう

単元の目標

- 「矛盾」の書き下し文を，現代語訳を参考にしながら読み，故事の内容を理解させる。
- 故事成語の価値や漢文の文体について，自分の考えをもたせる。
- 「矛盾」の書き下し文を音読して，漢文特有のリズムに読み慣れさせる。
- 訓読の仕方を知り，簡単な漢文を書き下し文にしたり，訓読文を参考にしながら白文に訓点を記入したりすることができるようにさせる。

単元指導計画　全4時間　（本時4時間目）

時間	ねらい
1	教科書の解説文を読み，故事成語について知る。「矛盾」の書き下し文に読み慣れる。
2〜3	「矛盾」の成り立ちを知り，他の故事成語の意味や由来を調べる
4	「矛盾」の白文に訓点を付け，漢文訓読できる。

本時の理解深化課題

○「矛盾」の白文に訓点を付記し，訓読文を完成させる。

本時の困難度査定とその対応

- 歴史的仮名遣いや古典特有の言葉「いはく・子（し）等」の音読や意味の把握が困難である。
  → 現代語訳を通して理解した内容を踏まえ，意味や音読が難しい場合は本文に戻って考えさせる。
- レ点や一・二点など複数の「返り点」を組み合わせて付記することが難しい。
  → それぞれの返り点の役割を個別に十分理解できるよう，板書の標示等を工夫して説明する。

▶ 本時の授業展開

予習	・教科書「漢文を読む」を読んで，説明や語句のわかりにくい箇所にマーカー（黄色）で印をつけさせる。
説明 (10分)	・予習で確認している「訓読」（ワークシート）について説明する。 「白文」→「訓読文」→「書き下し文」の違い 基本的な訓読のきまり（送りがな・返り点・句読点） 特に，付記する場所〈右下に送りがな・左下に訓点〉
理解確認 (10分)	○「訓読とは……」に続いて，予習と説明でわかったことを自分の言葉で表現させる。 ※訓読について理解できていることと不十分なことをはっきりさせる。 ○ワークシートの問題（訓点）を与え，ペアで返り点の優先順位とまとまり（グループ化）のポイントを確認させる。 ※前時に学習している漢文特有の言い回しとリズムについても再度確認させ，理解の定着を図りたい。
理解深化 (25分)	○「矛盾」の故事（白文）に訓点を付記し，訓読文を完成させる。 ※白文に訓点を付けていく活動を通して，私たちの祖先が漢文を日本語の文章として読み直すために苦労してきたことも考えさせたい。また，グループの全員で音読を工夫（群読・会話文と地の文に分ける）させ，口語訳も含めた「矛盾」の発表をさせる。4コマの絵を表示しながら，会話文やポイントとなる漢文口調・意味をとらえさせ，二千年前の世界（やりとり）を再現させたい。 ※発表後，自己評価につながる補足・説明を教師が行う。
自己評価 (5分)	・予習からの本時の学習を振り返り，わかったことやまだよくわからないことを記述し，発表させる。
復習	・ワークブックの漢文訓読に関する問題に取り組ませる。

困難度査定に対応した授業アイディア

　一年生で「白文に訓点を付けて音読する」という学習活動は難しいと考えられる。しかし、今回は、矛盾という故事成語の内容を理解した上で、どう読めばいいか、漢文特有のリズムときまりについて理解し、読みを深める手段として授業を仕組んだ。

　理解深化課題に至るまでに、①予習として音読練習、②内容の理解確認、③説明で「訓読のきまり」を学んだ上で、理解深化課題に挑戦するという流れである。特に、理解深化課題の各グループ発表では「矛」「盾」の具体物を使って、「これ」の指すものをはっきりさせながら説明させた。

《生徒解答》

　各グループの発表では、訓点を施した「訓読文」のシートを、下記の写真の左側のように、まず場面状況を説明させてから発表に入った。上に、教科書の挿絵があり、説明する上での補助になって効果的であった。

　ただ、訓読文を読むことが困難な生徒にとっては、場面の状況をイメージしながら、漢文特有のリズムを意識しながら自信をもって音読できない状況も見受けられた。グループ活動の中で、支援の必要な生徒には個別に練習する時間を確保しておくことが必要と感じた。

　また、レ点等の「返り点」の理解が不十分な生徒もいたので、読むときに板書の中でポイントを表記する必要があったと反省している。漢文が難しいという生徒の最初の印象は、「リズムがあって覚えるとわかってきた」という感想に変わってきた。

 板書

学びの深まりを見取る評価のポイント

・予習では「漢文」は言葉が難しくてわかりにくかったが，訓読のリズムやパターンがつかめたら読みやすくなり，内容も理解できた。
・昔の日本人が漢文を読むために訓点等様々な苦労をしたことがよくわかった。
・訓点の返り点で，レ点と一・二点が一緒に使われている漢文がまだよく読めない。

(生徒自己評価より)

＊本項は小川佳男先生の実践をもとに執筆している。

 ワークシート例

「さまざまな表現技法」(光村図書・平成24年度版)

3 比喩を使って「くまモン日記」を書こう

単元の目標

・さまざまな表現技法について関心をもち，具体的な例を通じて読み味わう力や表現力を付けようとする態度を養う。
・さまざまな表現技法を理解し，その効果を読み味わい，また，生活の中で表現する力を養う。

単元指導計画　全4時間　(本時1時間目)

時間	ねらい
1	比喩表現を理解し，それらを使って文章を書くことができる。
2	言葉の並べ方の技法を理解し，それらを使って文章を書くことができる。
3～4	さまざまな表現技法の効果を生かして読んだり書いたりすることができる。

本時の理解深化課題

○比喩の三つの方法(直喩・隠喩・擬人法)を使い分けて作文できる。

本時の困難度査定とその対応

・比喩の直喩に比べて，抽象的な表現である「隠喩」の使い方が難しい。
　→「まるで(あたかも)～ようだ(みたいだ)」という言葉の有無だけの説明ではなく，同じ物を取り上げて直喩と隠喩で表現し，語感の違いを感じ取らせる。
・擬人化されたもの(ゆるキャラ等)の言動が，擬人法にあてはまるか迷って判断が難しい。

▶ 本時の授業展開

予習	・直喩・隠喩・擬人法について，小学校6年生の後輩に，自分の言葉で具体的に説明できるようにさせる。
説明 （10分）	予習で確認している「比喩」について説明する。特に，比喩は，基本的に大きく二つ（直喩・隠喩）があり，それぞれに擬人法があることを押さえる，特に，「隠喩」については，「直喩」と対比させて「〜のように」という比喩表現が隠れていることを板書で丁寧に説明する。
理解確認 （10分）	○教科書にある「直喩」と「隠喩」の説明について，自分の言葉で表現することにより，理解できていることと不十分なことをはっきりさせる。 ○ワークシートの問題を解き，比喩の三つの用法についてペアで確認させる。
理解深化 （25分）	○3通りの比喩表現（直喩・隠喩・擬人法）を使った『くまモン日記』を作成させる。 　①カメのようにゆっくり登校していました。 　②授業開始のチャイムが目を覚まさせました。 　③その瞬間，くまモンはチーターとなり，〜。 【場面・状況を意図的に設定する。】 ※グループで個人発表をして，グループ版ストーリーを編集させる。（特に，隠喩・擬人法が使われている箇所で，何がどのように印象付けられているか話し合わせる。） ※『くまモンストーリー』最優秀賞を全体で決め，審査講評として比喩のどこがよかったか説明させる。
自己評価 （5分）	・三つの比喩表現の特徴を理解し，より効果的・印象的な表現にする上で役立てようとする関心・意欲の向上を期待したい。
復習	・ワークブックの，本時学習内容に該当する問題に取り組ませる。

困難度査定に対応した授業アイディア

　三つの比喩表現が文の中で効果的に使われるよう，その習得をねらった。文を短くすることで，生徒の誰もが学習に参加でき，よりよい比喩表現をグループで話し合うことができる深化課題である。

　しかし，自分の考えと違った班の代表作文については，友達の説明を聞くだけになってしまう生徒が出てきた。班の発表用の作文について考えた上で，自分の作文についての振り返りと修正をする時間が必要であった。授業の中で，生徒が三つの用法の違いを説明し，効用についても「生き生き」「強い印象」「親しみやすい印象」という言葉を使って説明するところまでの理解深化をねらいたい。

　また，条件作文は「登校の様子」「事件」「変化」の三文で考えさせた。できるだけ班のメンバーが納得できるようなわかりやすく，効果的な比喩を入れることで，その違いが明確になり，効用を具体的な例で理解できるものと考える。一番効果的で，印象的な比喩表現を考えさせることも，生徒の理解深化を促す手段としては有効であった。

《生徒解答》
　朝，くまモンは三輪車のようなスピードでよたよたと登校する。すると，チャイムが「遅いぞ，早く来い」と音を鳴らした。くまモンは飛行機になった。
　くまモンが太陽に優しく見守られ登校している。光のスピードでちょるる※がくまモンの着ぐるみを奪い去った。くまモンはショックで石のように動かなくなった。
※山口県のマスコットキャラクター。

 板書

学びの深まりを見取る評価のポイント

・予習では三つの比喩の違いがよくわからなかったが，授業で内容や使い方もよく理解できた。今度から積極的に作文や日記で使っていきたい。
・比喩は，具体的に説明したり，強調したりと，インパクトのあるすごい表現効果があるとわかった。
・「〜のように」の言葉がない比喩（隠喩）の使い方がまだよくわからない。

(生徒自己評価より)

＊本項は小川佳男先生の実践をもとに執筆している。

 ワークシート例

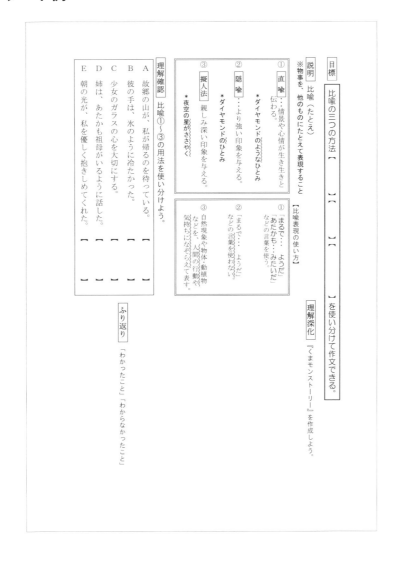

「指示する語句と接続する語句」（光村図書・平成24年度版）

4 前後の関係を考えて言葉を選ぼう

▶ 単元の目標

・指示する語句の使い分けの決まりや効果について理解させる。
・接続する語句の働きを理解させ，どのような意味関係で前後の内容をつないでいるかを踏まえて適切な語句を選べるようにさせる。

▶ 単元指導計画　全2時間　（本時2時間目）

時間	ねらい
1	指示する語句の種類と働きを踏まえて，文章中で指し示す内容を読み取ることができる。
2	接続する語句の働きと前後の関係を踏まえて，文章の内容に応じてふさわしい表現を使うことができる。

▶ 本時の理解深化課題

○文中の空欄にあてはまる接続語を補い，前後の関係から説明する。

▶ 本時の困難度査定とその対応

・前後の内容や語句に応じて接続する語句をあてはめることが難しい。
　→「接続する語句」は，前後をつなぐ（接続）働きをしているが，単につなぐだけでなく前後の関係を示す役割もあることを説明する。同じ文をつないでも，順接は期待した成果（喜び），逆接は期待に反する結果（不満・失望）となることなどを，例を挙げて確認する。
・前後の文の内容を読み取ることや前後の言葉の関係をとらえることが難しい。
　→特に長い文章の中で，文の中心となる語句に線を引いたり囲んだりして，どんなことをつないでいるのかを明確にして考えさせる。

本時の授業展開

予習	・教科書を読んで，接続する語句の前後の関係（6通り）と語句を予習プリントの表にまとめさせる。
説明 (10分)	・接続する語句の前後の関係と，主な語句の例 　※順接，逆接，並立・累加，対比・選択，説明・補足，転換の6種類の関係。 　※それぞれの関係を示す語句は，何種類かあり語感が微妙に異なる。 ・単に前後をつなぐ（接続）働きだけでなく，前後の関係を示す役割もあること 　※指示する語句に着目すると，後の内容をとらえやすくなる。
理解確認 (10分)	○「二位になった」ことについての書き手の気持ちを，接続語に着目して説明する。 　一生懸命泳いだ。だから，二位になった。／一生懸命泳いだ。しかし，二位になった。 ※順接の語句でつなぐと，後半は期待した成果（喜び）となる。逆接の場合，後半は期待に反する結果（不満・失望）となる。
理解深化 (25分)	○文中の空欄にあてはまる接続語を補い，前後の関係から説明する。 　鳥が渡るのは，食物を十分に確保するためである。（　①　），ツバメは飛びながら空中にいる昆虫を捕って食べる。（　②　），日本のような温帯地域では，秋から冬にかけて昆虫は姿を消してしまう。（　③　），ツバメは，冬でもそれらが得られる暖かい南方の地域にまで渡っていくのである。同様に，ガンやハクチョウが秋，日本に渡ってくるのは，繁殖地のシベリアが冬には雪と氷に閉ざされ，食物が得られなくなるからである。 （樋口広芳『鳥たちの旅』より） ※前後の内容の関係が何になるかを踏まえて選んだ接続語を説明させる。 　①は説明・補足，②は逆接，③は順接の関係を示す語を補う。 　それぞれ，前後の内容とその関係を理由として説明させる。
自己評価 (5分)	・予習からの本時の学習を振り返り，わかったことやまだよくわからないことを記述し，発表させる。
復習	・ワークブックの該当ページをさせる。 　※適語補充と，接続語に従って後の内容を選ぶ問題を解かせる。

困難度査定に対応した授業アイディア

「指示する語句と接続する語句」という題材で，前時には指示語の指し示す内容を正しくとらえることについて学んだ。本時は接続語の働きを文の中で意味や内容と関連付けながら理解させたい。予習を踏まえて，接続語の6種類に分類される働きを確認し，「理解確認」まででただ単に前後をつなぐだけではなく，前後の関係を示してつなぐことで，書き手の気持ちを表したり，前後の内容をとらえやすくしたりすることを押さえた。

理解深化課題は，前後の文の内容を読み取り，相互の関係を踏まえてふさわしい接続語をあてはめる問題である。単に接続語を補うだけでなく，前後の文に書かれていることの内容の関係を踏まえてなぜその語があてはまるのかを説明することを通して，接続語の働きについての理解を深めさせたい。また，論理的な説明が必要な場面で，接続語を効果的に用いて話したり書いたりできる力につなげたい。

《生徒解答》
　前後の文の関係を踏まえることにこだわって文章全体の構造をとらえることができず，問題①に全員が難儀した。「鳥が渡る」ことの例として，まず「ツバメ」，後半に「ガンやハクチョウ」が取り上げられているということに気付かなかった。そのため，①に順接の接続詞（「だから」「それで」など）をあてはめ，「『渡るのは食物を十分確保するため』だから，『飛びながら……虫を捕って食べる』は，理由とツバメの行動なので順接です」と説明する生徒と，順接の関係ではないと思いながら，何をあてはめてよいか見当がつかない生徒とに分かれた。文全体を見て，「ツバメ」「ガンやハクチョウ」を2タイプの渡り鳥の例として取り上げていることを説明し，「例えば」があてはめられることに気づいた。②③については，それぞれ逆接・順接をあてはめて説明することができた。

 板書

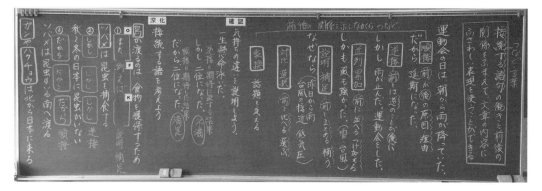

学びの深まりを見取る評価のポイント

・接続語は，前後の関係を示しているので，気をつけて読むと状況や気持ちが読み取れることがわかった。
・文を書くときは，うまく使ってわかりやすい文を書くようにしたい。

（生徒自己評価より）

 ワークシート例

「漢字の組み立てと部首」（光村図書・平成24年度版）

5　なぜこの部首なのかを説明しよう

※書籍化にあたって再構成したため，授業展開と板書・ワークシートは一部異なる。

 単元の目標

・漢字の構成成分としての「偏旁冠脚」（へん・つくり・かんむり・あし・たれ・にょう・かまえ）を理解し，漢字の意味と成り立ちを踏まえて部首を識別することができる。

 単元指導計画　全１時間　（本時１時間目）

時間	ねらい
1	漢字を組み立てている部分を理解し，漢字の意味と成り立ちを踏まえて部首を識別することができる。

 本時の理解深化課題

○漢和辞典を使い，漢字の意味に着目して，形の異なる漢字の部首が共通のものである理由を説明する。

 本時の困難度査定とその対応

・「思（心…こころ）・慕（䜥…したごころ）・情（忄…りっしんべん）」など形の異なる場合に，同じ部首として認識しにくい。
　→漢和辞典において意味の共通点で分類する際の手がかりが「部首」であり，同じ部首でも漢字のどの部分に用いられるかによって形が変化することを，教科書の練習問題を解きながら説明する。
・漢字の意味を踏まえて部首を識別することが難しい。
　→「魔」を使って説明する。この字は，複数の部分からできているが，「魔」の意味の中心となるものが「鬼」であることから，漢和辞典では「鬼の部」に分類されている。

本時の授業展開

予習	・教科書を読み，漢字の組み立てと部首についてプリントにまとめさせる。
説明 (10分)	・漢字の組み立ての部分と名称 　左右…へん・つくり　上下…かんむり・あし　外と内…たれ・にょう・かまえ 　※漢字は，簡単な意味の漢字（部分）を組み合わせることでさまざまな意味を表す。 ・部首の役割と働き 　組み立てによって形が変わっても，同じ意味を表す。（「人・ヘ・イ」→「人」の部） 　※「命」は，「口」を組み合わせるために「令」の形が変化している。 ・部首は，漢和辞典で意味の共通点をまとめる部類 　※「応」を使って説明する。この字は，「广」（屋根・家），「心」の二つの部分からできているが，「応」の意味の中心は建物より心の働き，漢和辞典では「心の部」に分類されている。（旧字体は「應」で「鷹」＋「心」であるが，簡略化した説明とする）
理解確認 (10分)	○漢和辞典を使って「間」「問」「聞」の部首は何かを調べ，説明させる。 　※間…「門」（入り口・囲いに関する漢字） 　　問…「口」（口で言葉を発し尋ねる） 　　聞…「耳」（耳から音声をききとる）
理解深化 (25分)	○「初・利・刃」が「刀」の部に分類される理由を説明させる。 　※全て「刀」の部に分類されることを漢和辞典で確認させた後に，漢字の意味を踏まえて説明させる。 　※「初」は「ころもへん」，「利」は「のぎへん」ととらえやすい漢字であるが，刃物で切ったり削ったりするなど共通の意味をもっていることを説明することを通して，意味の共通点に基づいた分類である部首についての理解を深めさせたい。
自己評価 (5分)	・予習からの本時の学習を振り返り，わかったことやまだよくわからないことを記述し，発表させる。
復習	・ワークブックの該当ページの問題を解かせる。

困難度査定に対応した授業アイディア

　理解確認で，「間・問・聞」は，いずれも「門」を部分としてもつが，「通るところ」「口で問いかける」「耳で聞く」という意味をもつので，「門・口・耳」のそれぞれの部に分類されており，部首は意味と結び付いていることを説明させる。その後，理解深化課題として，「初・利・刃」（「刀」の部に分類される漢字）の部首は何かを予測させた後に，漢和辞典で部首を確認させる。

　なぜこれらの漢字が「刀」の部に分類されるのか，漢和辞典の解説をもとにグループで説明を考えさせ，全体に説明させる。中学生は一般的に，偏と旁からなる漢字は偏が部首であるととらえがちである。小学校で既習の「初」は「ころもへん」，「利」は「のぎへん」ととらえやすい漢字である。また，部首が「刂（りっとう）」になっているなど形が変わっているため，「刀」の部であるととらえることが難しい。漢和辞典を用いて漢字の成り立ちや意味を確認し，「衣を作るためにまず刃物で布を切る」→「はじめ」の意，「穀物の収穫に刃物を用いる」→「役に立つ」の意など，「刃物」という共通の意味をもっていることを説明することを通して，共通点に基づいた分類である部首についての理解を深めさせたい。

　また，三学期に学習予定の「漢字の成り立ち」で会意・形声など簡単な漢字の組み合わせで作られる漢字（特に形声）についての理解に結び付けたい。

　反省点として，予習の内容が多く（予習用ワークシートを次ページに掲載），生徒にとっては負担の大きいものとなったことがあげられる。教科書の記述をよく読んでほしいこと，生徒の理解の状況を事前につかむことも含め，説明の焦点化を考えて予習課題を設定しているが，本時の課題は時間もかなりかかるものとなった。小学校での既習内容が含まれていることもあり，生徒の負担が多くなり過ぎない予習課題を設定することが必要である。

 板書

学びの深まりを見取る評価のポイント

　漢字の組み合わせにも深い意味のあることがわかりました。意味や形の共通点を覚えて漢字を覚える方法もあるかなと思いました。　　　　　　　　　　　　　　　（生徒自己評価より）

 ワークシート例

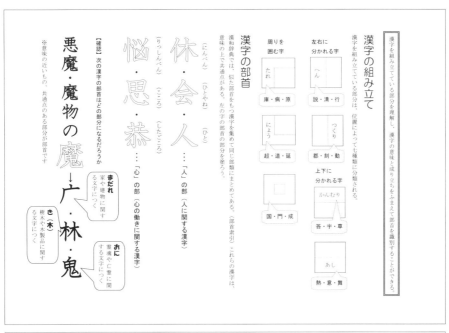

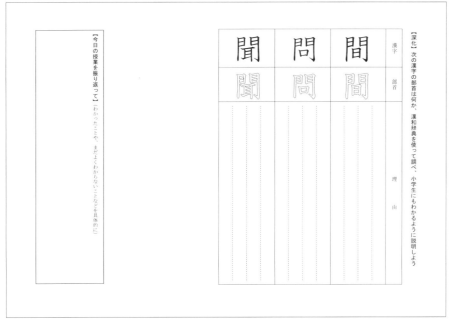

「読書指導」(自作教材)

6　学校図書館を探検しよう

 単元の目標

・「日本十進分類法」に基づいた図書の配架を理解し，学校や公共の図書館を活用する力を身に付けさせる。
・本の情報を通して，お互いのものの見方や考え方を交換し，読書の幅を広げさせる。

 単元指導計画　全1時間　（本時1時間目）

時間	ねらい
1	・図書館利用のルールや配架の仕組みを理解して，必要な図書を探すことができる。 ・興味をもった本について紹介し合う活動を通して，お互いを理解し多様な図書に興味をもつことができる。

 本時の理解深化課題

○図書室内を探索し，5分類の図書を一冊ずつ選んでグループ内で紹介する。

 本時の困難度査定とその対応

・「日本十進分類法」の区分が難しい分野がある。
　→教科書の「日本十進分類法のおおまかな分類」と教科の学習を結び付けて説明する。
・9類以外の図書をあまり読んだことのない生徒が多い。
　→生徒が興味をもちそうな図書をあらかじめ選んで，十進分類法の説明の際に示す。

本時の授業展開

予習	・「読書の記録」（朝読書の時間に読んだ本とページの記録と振り返り，読み終えた書名記録，長期休業中の読書感想）を見て，自分の読書傾向を考えさせる。 ・教科書「図書館の使い方」を読み，学習の見通しをもたせる。
説明 （10分）	・図書室の書架は，「日本十進分類法」によって配架されていること。 ※それぞれの書架の前で，実際の図書を示しながら，10の分類について説明する。 ※教科との関連を示し，今後の学習で参考にできるようにする。 　　200　歴史，300　　　　　　　　　社会科学……社会科 　　400　自然科学……理科 　　500　技術・工学……技術家庭科 　　700　芸術・美術……音楽・美術　　　　　　　　など。
理解確認 （10分）	○「読書の記録」を見て，自分の読んだ本の分類を確認し，班の中で図書と分類を紹介させる。 ※多くの生徒は，900の文学に偏っていると思われる。
理解深化 （25分）	○図書室内を探索し，5分類の図書を一冊ずつ選んでグループ内で紹介させる。 ※目次や最初の数ページ，解説などを参考に，自分がその本を手に取った理由などを話させる。
自己評価 （5分）	・図書の配架を知ることがスムーズな情報検索につながることを確認し，授業を振り返って自己評価を記述させる。
復習	・全部読んでみたい本を，館外貸出の手続きをして持ち帰り読ませる。

困難度査定に対応した授業アイディア

　「日本十進分類法」と，学校図書館の書架はそれに従って配置されていることを，実際の書架の配置を見せながら説明する。

　各自の読書記録を見て，自分の読んだ本がどの分類になっているかを確認する。3～4人のグループで，お互いの読書傾向を発表させる。大半の生徒が913を中心とする文学（9類）を中心に読んでいることに気付かせる。個人蔵書の9類以外については区別が難しい場合もあるので，個別に指導する。

　理解深化では，図書室内を探索し，5分類の図書を一冊ずつ選んでグループ内で紹介させる。友達に紹介するという視点で本を選ぶため，まず自分が興味をもてそうな本などを探し，とりあえず図書室の中の多くの場所でさまざまな本を手に取ることになる。日ごろはあまり読まない分野の本を開いてみることで，新たな本との出会いにもつながる。本を探しながら図書室の配架を知り，今後の調べ学習などでめやすにできることに気付いてほしい。また，図書室に多様な図書があることを知って，今後の読書活動に役立て幅広い読書をめざそうという思いをもってほしい。

《授業を終えて》

　生徒にさまざまな分野の本を手に取らせることができた。友達に紹介するのなら，できるだけおもしろそうな本を探そうとすることで，日ごろあまり読まない分野の本についても，積極的に探すことができた。

 活動の様子

学びの深まりを見取る評価のポイント

・図書室で本を探しても，いつもはあまり細かいところまで見ていなかったけれど，今日は色々な種類の本があることがわかりました。どこにどんな本があるか探し方がわかったので，これから本を探すときに生かしたいと思います。
・分類番号を見ると，僕の読んだ本は900番台の本がたくさんあることがわかりました。これからは，分類番号にも気をつけて本を選び，いろんな本を読むようにしたいです。

(生徒自己評価より)

 ワークシート例

「少年の日の思い出」（光村図書・平成28年度版）

7 エーミールの立場で「僕」を紹介しよう

 単元の目標

・作品の構成や展開，登場人物の心情の移り変わりを読み取らせる。
・登場人物のものの見方や考え方について自分の考えをもたせる。
・視点や立場を変えて作品を書き換えさせ，材料の用い方や根拠の明確さについて感想や意見を交流させる。

 単元指導計画　全7時間　（本時4時間目）

時間	ねらい
1	全文を通読し，初発の感想を書く。
2～3	前半部分を読み，作品全体の構成と登場人物を読み取る。
4～7	後半部分を読み，登場人物の心情の移り変わりを読み取る。

 本時の理解深化課題

○エーミールの視点で「僕」を紹介しよう。（「僕」の人物像をとらえる）

 本時の困難度査定とその対応

・前半から後半の部分との関連を踏まえて登場人物をとらえることが難しい。
　→前半部分の「客（友人）」の語っている部分が後半であること，前半と後半に共通する人物は「客＝僕」であること，後半の「僕」の成長した姿が前半の「客」であることを，前時と本時のつながりの中で確認する。
・表現を踏まえて人物像を読み取ることが難しい。
　→予習を踏まえ，授業の説明で「僕」の行動やちょうに対する思いの読み取れる表現を比喩表現などに注目させながら確認する。

52

本時の授業展開

予習	・後半部分のうち、「僕」がちょう集めを始めた八つか九つのころのことを読み、前半部分にある「熱情的な収集家だった」ことがわかる表現に線を引かせる。
説明 (10分)	・前半部分と後半部分の登場人物　前半の「客」＝後半の「僕」 　題：少年の日の（客の・ちょうにまつわる）思い出 ・前半部分の、少年時代の「客」が熱心にちょうを集めていたことがわかる表現 「客」の行動 （ちょうの扱いに慣れているような行動） 「客」の言葉 （「むろん収集していた」「熱情的な収集家だった」などの言葉）
理解確認 (15分)	○「僕」が熱心にちょうを集めていたことがわかる描写を本文から抜き出し、説明させる。 ・「僕」の行動 　他のことをすっぽかしてまわりの人を心配させていたこと、休みの日に帰宅して食事を摂ることなく収集していたこと、時間が気にならなかったこと。 ・「僕」の心情 　ちょうを捕らえるときの喜びや緊張感がわかる表現を読み取る。 ※「宝を探す人のように」「自分の宝物」などの表現にも注目させる。
理解深化 (20分)	○隣の家の子供の立場で「僕」を紹介させる。 ※理解確認で抜き出した表現や、コムラサキを見せたときの隣の子供の対応にも注意して、本文と矛盾しないように書かせる。 ※各自で文章を書き上げた後、班で交流し、各班代表の一点を学級全体に紹介させる。
自己評価 (5分)	・予習からの本時の学習を振り返り、わかったことやまだよくわからないことを記述し、発表させる。
復習	・ワークブックの本時の学習内容に該当するページの問題に取り組み、学習内容を確認させる。

困難度査定に対応した授業アイディア

　読み取りの難しい生徒の多くは，前半と後半の関係を前半最後の部分からとらえることができず，前半の「私」が後半の「僕」と思い込んで読み進め，「悲しい結末だったが，大人になったらまたちょうを集めている」と読んでしまう。また，後半が前半よりも時間がさかのぼっていることに混乱する。そのため，まず，前半と後半の登場人物をそれぞれ確認してから前半の最後の表現に着目させて，後半が前半部分の「客」の語りであることを理解させる。

　後半の結末を踏まえて前半を読むと，ちょうに詳しく，それにまつわる思い出が不愉快なものであるかのような客の態度や発言は理解しやすいと思われる。

　そのうえで，予習をもとにちょう集めを始めたばかりの「僕」の熱中ぶりやその心情が読み取れる表現は容易に見つけられ，「熱情的な収集家」という表現の根拠となるものとしてとらえることができるだろう。

　理解深化課題では，エーミールという名前が次の場面で出てくる少年の立場で，「僕」がどんな人物であるかを紹介させる。全員が書きやすいように，書き出しの部分は指定した。生徒は，コムラサキを鑑定した場面なども参考にしながら，意欲的に課題に取り組んだ。

《生徒解答》

　隣の家の子はどんな子かというと，そうですねえ。ずいぶん熱心にちょうを集めていますよね。ちょうを採りに行ったまま学校に行かなかったり，食事に帰らなかったりするって，家の人が心配しています。この前，コムラサキの標本を得意そうに見せてきたんだけど，展翅の仕方も雑だし，足が足りなかったり触覚が曲がったり伸びたりしていて，あれではだめですね。まあ，彼はちょうなら何でもいいみたいですけど。

 板書

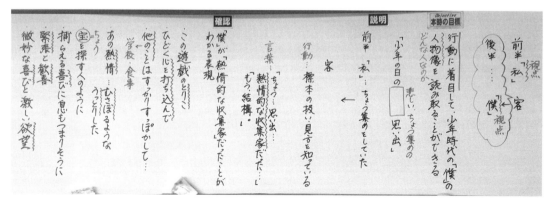

学びの深まりを見取る評価のポイント

・エーミールになりきって説明するのは面白かった。「僕」が熱情的な収集家だったことがよくわかった。
・本文に書いてあったことをできるだけ入れるようにして書いた。
・「僕」が，他の人からどう思われていたのかがわかったような気がする。

(生徒自己評価より)

 ワークシート例

「音読を楽しもう　いろは歌」（光村図書・平成28年度版）

8　なぜ，千年前から今も使われているの？

単元の目標

- 古典の文章に出会い，歴史的仮名遣いや古語など基本的な文語のきまりを学び，音読に生かしながら古典特有の文章のリズムなどを味わわせる。
- 伝統的な言語文化に触れ，現代まで生き続けてきた伝統的なものの見方や考え方を知り，古典の価値や現代とのつながりについて自分の考えをもたせる。

単元指導計画　全10時間　（本時1時間目）

時間	題材
1	音読を楽しもう　いろは歌
2	月に思う
3～7	蓬萊の玉の枝—「竹取物語」から
8～10	今に生きる言葉

本時の理解深化課題

○「いろは歌」が約千年使われ続けているのはなぜかを説明する。

本時の困難度査定とその対応

- 歴史的仮名遣いや古語に慣れていない。
  - →中学生になって最初に学習する古典教材なので，古文の特徴として，歴史的仮名遣いの読み方の原則（本文にあるものに限定）と古語の意味について説明する。本文を区切って復唱させながら，音読の仕方を全体で確認する。机間指導中に生徒の読みの誤りがあれば訂正し，読み方のわからないところがある生徒の質問に答える。
- 古語の意味を踏まえて歌の内容やものの見方・考え方をとらえることが難しい。
  - →口語訳を参考にこの文に込められた無常観について説明する。

本時の授業展開

予習	・教科書の「いろは歌」と解説を読み，解説の一部をプリントに記入させる。
説明 （10分）	・古文の特徴 　①歴史的仮名遣い 　　はひふへほ→ワイウエオ　ゐ・ゑ→イ・エ　む→ン　けふ→キョウ 　②古語（現代と意味が違うもの） 　　匂ふ…美しく照り映える 　③原典には濁点や半濁点はない 　④主語や助詞がないこともある　※③④については，後日別の題材で説明する 　⑤「無常観」 　　※現代語訳を確認しながら，「散る花」や「変わらないではいられない私たち」を通して「無常観」に触れる。 ・「いろは歌」の音読の仕方 　　範読し，区切って読んだ後に斉読させる。
理解確認 （10分）	○「いろは歌」を正しく音読させる。 ※ペアで一回ずつ音読し，相手の読みに誤りがあれば指摘させる。二人とも正しく読めていたら，声をそろえて読ませる。 ※机間指導中に，生徒の読みの誤りがあれば訂正し，質問があれば受ける。
理解深化 （25分）	○「いろは歌」が約千年使われ続けているのはなぜかを説明させる。 ※班ごとに話し合わせ，理由をいくつかあげさせる。その後，各班の考えたことを発表させる。 ※発表を踏まえ，リズムや内容を意識しながら音読練習をさせる。最後に全員でそろって読ませる。
自己評価 （5分）	・予習からの本時の学習を振り返り，わかったことやまだよくわからないことを記述し，発表させる。
復習	・教科書・プリントを参考にして，ワークブック該当ページの設問に答えながら学習事項を確認し，資料を読ませる。

第1章　1年生の「教えて考えさせる授業」づくり

困難度査定に対応した授業アイディア

「いろは歌」は，中学生になって最初に学習する古典教材である。教科書では音読を中心とした扱いになっている題材であるが，歴史的仮名遣いの読み方の原則（本文にあるものに限定）と古語の意味について説明し，単なる音読にとどまらず古典の学習の入門的な時間として，基本的な古文の知識についても触れておきたい。また，口語訳を参考にこの文に込められた無常観について説明する。本文を区切って復唱させながら，音読の仕方を全体で確認する。その際，生徒の難しさが軽減できるよう，仮名遣いや古語に関する説明は，本文にあるものに限定し，できるだけ繰り返し音読させ読み慣れさせたい。

理解深化課題では，平安時代に作られた「いろは歌」が約千年たった現在にまで伝わり，さまざまな場面で活用されてきた理由を考えさせる。歌に込められた無常観が人々の思いと合っていることや，すべての仮名文字（音）が歌にあり，学習や日常生活のさまざまな場面で順序を表すのに活用されやすいこと，覚えやすい内容やリズムであることなどをあげさせたい。考えたことを踏まえて，内容やリズムを意識しながら再度音読をさせる。

《生徒解答》
・すべての平仮名が含まれていて，意味がある歌になっているので覚えやすいから。
・日本人にとって親しみのある仏教の考え方が入っているので，歌の意味もよくわかるから。
・七音と五音のくり返しで，リズム感良くすべての仮名を覚えられるから。

 板書

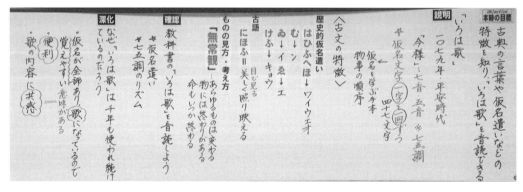

学びの深まりを見取る評価のポイント

・平仮名を全部使って意味のある歌を作れるのがすごいと思った。
・俳句や短歌のように七音や五音が使われている。
・歌の意味がわかって悲しい内容だと思った。　　　　　　　　　　　　　　（生徒自己評価より）

 ワークシート例

古典の言葉や仮名遣いなどの特徴を知り、「いろは歌」を音読することができる。

《古文の特徴》
① 歴史的仮名遣い
　はひふへほ → 　
　む → 　
　ゐ・ゑ → 　
　けふ → 　
　　※言葉の最初にあるときは、そのまま読む
　　　［はな］、［ひかり］、［むかし］　など

② 古語（現代では使わない語、現代と意味が異なる語）
　にほふ＝
　　（今は、鼻でにおいを感じる）

③ 濁点「゛」・半濁点「゜」を用いない
④ 助詞（てにをは）や主語の省略
⑤ ものの見方・考え方＝「　　　　　　　　」

【確認】教科書の「いろは歌」を音読しよう

【深化】なぜ、「いろは歌」は千年も使われ続けているのだろう。

【今日の授業を振り返って】

第1章　1年生の「教えて考えさせる授業」づくり　59

第2章
2年生の「教えて考えさせる授業」づくり

1 「気持ちを込めて書こう　手紙を書く」
　形式に沿って礼状を書こう
2 「字のない葉書」
　邦子から父へ宛てた手紙を書こう
3 「扇の的―『平家物語』から」
　「平家物語」を貫く無常観を古文から読み解く
4 「扇の的―『平家物語』から」
　源平両軍の反応をリポートしよう
5 「用言の活用」
　条件にあてはまる「動詞」を発見しよう
6 「付属語」
　働きに着目してふさわしい格助詞を考えよう
7 「熟語の構成」
　「二字熟語の構成」を識別し，説明しよう
8 「『平成26年度　全国学力・学習状況調査』の教材を用いた授業」
　本や文章から適切な情報を得て，考えをまとめる

「気持ちを込めて書こう　手紙を書く」（光村図書・平成24年度版）

1　形式に沿って礼状を書こう

※書籍化にあたって再構成したため，授業展開と板書・ワークシートは一部異なる。

単元の目標

・伝えたい気持ちや用件を明確にし，効果的に伝わるよう表現や構成を工夫して手紙を書く。
・手紙の書き方を知り，推敲して相手や目的に応じた手紙を書く。
・社会生活に必要な手紙を書く。

単元指導計画　全2時間　（本時1時間目）

時間	ねらい
1	手紙の書き方について理解し，相手や目的に応じた手紙を書くことができる。
2	書いた手紙を推敲し，清書する。

本時の理解深化課題

〇形式を整え，相手や目的に応じて手紙を書く。

本時の困難度査定とその対応

・文章中で敬語を適切に用いることが難しい。
　→敬語については既習であるが，特に生徒が苦手とするのは，尊敬語と謙譲語の使い分けである。動作主が相手（側の人）ならば尊敬語，自分（側の人）ならば謙譲語という原則を再確認する。
・時候の挨拶など，手紙に特有の表現を使うことが難しい。
　→特に時候の挨拶は，あまり使った経験もなく生徒にはなじみの薄い表現である。教科書巻末の資料や国語資料集などに紹介された表現の中から自分の感覚に合うものを選んで使用させる。

62

▶ 本時の授業展開

予習	・教科書を読んで予習プリントの手紙に形式などの用語を記入させる。 ・学習相談会の講師として来校された先生に手紙を書くことを伝え，内容を考えさせる。
説明 （10分）	・予習をもとに，<u>正式な手紙の形式と形式のもつ意味を確認する。</u> ※黒板の用紙に傍線や書き込みをする。 　・頭語「拝啓」・時候の挨拶・安否を尋ねる文 　……前文 　・趣旨や用件 　……本文 　・結びの言葉・結語「敬具」 　……末文 　・日付・署名・宛名（それぞれの位置） 　……後付け
理解確認 （10分）	○手紙の一部を示し，次のことを記入させる。 　①頭語と結語　②前文・本文・末文の区別　③日付・署名・宛名 　※①は正しい文字でそれぞれ書けているか，②は内容を踏まえて区別しているか， 　　③は正しい位置に記入しているかをグループで確認させる。
理解深化 （25分）	○**正式な手紙の書き方に従って，市川伸一先生に手紙を書かせる。（下書き）** ※内容は，6月に実施した生徒との交流会のお礼と，11月に来校される折に自分たち 　の姿を見ていただくことへの期待とする。 ※頭語・結語については，国語資料集の解説を 　参考に「謹啓・敬白」を用いてもよいことを 　伝え，できるだけ丁寧に書かせる。 ※敬語についての質問には個別に対応する。 ※時候の挨拶については，6月にふさわしいも 　のを考えさせ，思いつかない生徒は資料集の 　例から選ばせる。
自己評価 （5分）	・書き上げた下書きを読み返し，形式や内容が適切であるかを確認させる。 ・授業を振り返って，わかったことやまだよくわからないことを書かせる。
復習	・下書きを読み返して推敲させる。（次時に清書）

困難度査定に対応した授業アイディア

　生徒は，授業でお世話になった地域の方や講演会の講師などに対して感想を盛り込んだお礼の手紙を何度も書いている。また，総合的な学習の時間には，職場体験学習などの礼状をそれぞれの事業所に送る。そのような場合，指導の中心は内容に関することになる。

　手紙を書く際には，伝える相手の立場や気持ちに配慮するとともに，伝えたい内容の中心を明確にし，言葉を選び，気持ちを込めて書くことが大切である。本時の学習は，特にそれぞれの形式がもつ意味を理解した上で形式に沿った手紙を書くことをねらっている。生徒の日頃の言語活動ではなじみのないものであるが，時候の挨拶や安否の挨拶のもつ意味，後付けの項目の位置のもつ意味を考え理解することを通して，実際に「社会生活に必要な手紙」を書く際に迷わず書けるようになる。

　さらに，具体的な相手意識や目的意識をもたせるために，教職員の校内研修の講師として来校される先生に宛てて手紙を書かせることとした。手紙の内容は，前回来校された折の生徒全員との交流会で，生徒が学習に関して質問したことにお答えいただき，具体的な学習方法についてもご指導をいただいたことへのお礼である。大学の先生に宛てた手紙を書くということは，生徒にとってこれまでにない緊張感が必要な作業となる。緊張感をもって，形式に沿いながら自分の思いを伝える手紙が書けることをめざしたい。

 板書

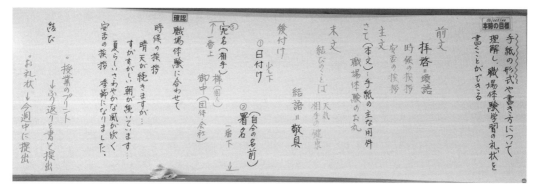

学びの深まりを見取る評価のポイント

・時候の挨拶など，手紙の形式にそれぞれ意味があることがわかった。
・形式を守って書くと，きちんとした手紙を書けることがわかった。
・時候の挨拶の言葉は，難しい言葉が多い。きちんとした言葉で手紙を書くのは難しかった。

(生徒自己評価より)

《授業を終えて》
　形式に沿って手紙を書く必然性のある場面を設定することが大切であるということを感じた。この時間は，市川教授に宛てて書くという設定ができたが，年間の行事に沿って職場体験学習の前などにこの学習を行うと，生徒の意識も高く効果的な学習になると思われる。

 ワークシート例

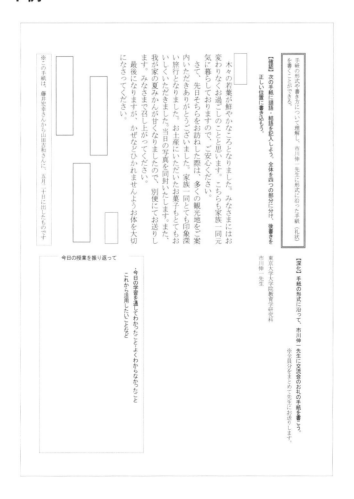

「字のない葉書」（光村図書・平成28年度版）

2 邦子から父へ宛てた手紙を書こう

 単元の目標

・人物の言動や様子の描写に着目して，人柄や心情をとらえさせる。
・筆者の父親への思いや家族のきずな，人間関係について自分の考えをもたせる。
・随筆を読み，内容や表現の仕方について感想を交流させる。

 単元指導計画 全5時間 （本時2時間目）

時間	ねらい
1	通読して作品の構成をとらえさせ，感想を書かせる。
2～4	二つのエピソードを読み，父親の人物像と筆者の父への思いを読み取らせる。
5	作品の表現の特徴を知り，内容や表現の仕方について感想を交流させる。

 本時の理解深化課題

○大人になった筆者の思いが伝わるよう，父親に宛てた手紙を書かせる。

 本時の困難度査定とその対応

・親元を離れている筆者の状況や，それ以前の生活と手紙の中の様子など，異なる場面を読み分けることが難しい。
　→前半部分は，後半部分のように戦争を背景としていないが，家庭内での父親のあり方（「暴君」ぶり）を暴力的であると批判的にとらえる生徒がいることも予想される。手紙の中の姿や現実の父親の家庭生活を対比させながら，どちらに父親の素直な心情が反映されているかを考えさせたい。
・言葉の意味を正しくとらえられず，文章の意味や場面の状況を読み取ることが難しい。
　→短く簡潔に表現された文章は，向田邦子の特徴であり，そこからイメージを膨らませることは「読むこと」の苦手な生徒には難しいため，予習として難しい語句の意味を辞書で確認させたり，時代背景として必要な事柄は説明したりして理解を助けたい。

本時の授業展開

予習	・本文前半を読み，予習プリントに内容をまとめさせる。
説明 (15分)	・前半部分に描かれた父の姿と，それに対する筆者の心情を読み取らせる。 　筆まめ……「三日にあげず」「一日に二通」「文面（詳細）」 　文字……「一点一画もおろそかにしない大ぶりの」 　普段の父……暴君，罵声やげんこつ，ふんどし，大酒，かんしゃく 　手紙の父……優しい，他人行儀，威厳と愛情　非の打ち所のない 　　　　　　↓ 　当時は「びっくり」「こそばゆい」「晴れがましい」 　現在は「なつかしい」 ※本文で，筆者の心情を表す表現を確認させる。 ※父からの手紙を受け取ったときの筆者が，父の転勤に伴い一人で前任地に残っている状態であることを確認する。
理解確認 (10分)	○父が筆者に対して多くの手紙を書き送った理由を説明させる。 ※本文の内容に即して理由を挙げ，父が筆者のことを心配し大切にしていることや，手紙にあらわれた父の姿は父が思っていてもできないものだったことを確認する。
理解深化 (20分)	○大人になった「私」の立場で，父に宛てた手紙を書かせる。 ※大人になった今だから理解できることを踏まえて，父に対する感謝や愛情のこもった手紙を受け取った喜びなどが記述できるとよい。 ※書くことが困難な生徒には，前半で読み取った父の行動（手紙）と筆者の「なつかしい」という言葉に注目させる。 ※指示すること…書き上げた手紙は，グループ内で読み合う。最も筆者の思いが伝わると思われる作品を話し合いで選び，班の代表として全体に発表する。他の生徒の優れた表現は，自分の文章の参考にする。
自己評価 (5分)	・予習からの本時の学習を振り返り，わかったことやまだよくわからないことを記述し，発表させる。父親の手紙には娘への愛情がこもっていたことや，人物の描写から心情を読み取ったり想像したりできること，短い表現から多くのことを読み取れることなどを記述してほしい。
復習	・ワークブックの問題に取り組ませる。 ・後半部分を読み，次時の予習プリントに取り組ませる。

困難度査定に対応した授業アイディア

　文学作品の学習では，叙述に即して話の展開を読み取ることや登場人物の行動から心情を読み取ることに課題が見られる生徒が多い。表現に即して文章の内容や場面の状況を正しく読み取り，人物の心情を表現からとらえる力を伸ばすことが必要である。本教材は，父親と家族との関わりやきずなが，視覚的な表現を交えてテンポのよい文体で描かれており，人物の行動や様子の描写から心情を読み取る学習にふさわしい文章である。

　指導にあたっては，簡潔な文章表現が読み取りの支障となる生徒も多いため，読みを深めることができるよう，生徒の理解の難しい表現については，辞書を活用させ教師が説明を加えることも含めて理解を助けたい。さりげない描写の向こうにある父親の心情に迫るような読み方をさせることを通して，父親の人物像や心情を読み取らせ，筆者の思いについても考えさせたい。

《生徒解答》

　お父さん，私が女学校のときにくれた手紙のこと，覚えていますか？普段は「おい，邦子！」と呼んだり「ばかやろう！」と言ったりしていたのに，手紙では別人のようで，とてもびっくりしました。新しい東京の社宅の間取りや庭木の種類など，私だけが知らなかったたくさんのことを書いてくれました。お父さんの手紙のおかげで全然さびしくなかったです。ほんとうに感謝しています。たくさん心配してくれて，私のことを愛してくれて，ありがとう。私もお父さんのことが大好きだよ。

 板書

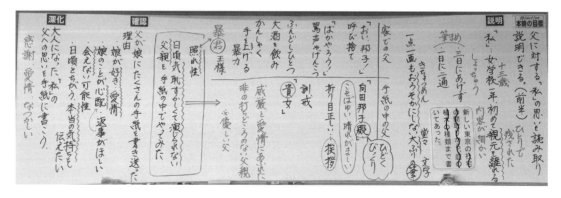

学びの深まりを見取る評価のポイント

・前半の内容がよくわかり，父の姿が具体的にわかったことで，父に対する「私」の思いを読み取れました。
・父は，手紙の中と現実では大きく違ったが，愛情は変わっていないとわかった。
・深化で父への手紙を書くのがとても楽しかった。口では言えないことを言うのは恥ずかしいけれども，手紙で書くと伝えやすいことがわかった。
・深化のところがあまり書けなかった。だけど，他の人の意見を聞いてなるほどと思いました。

(生徒自己評価より)

　理解深化課題は，多くの生徒が前半で読み取った内容を踏まえて大人になった筆者の立場で父への手紙を書くことができた。このとき，書けなかった生徒もいたが，振り返りでは他の生徒の発表を聞いて「なるほどと思った」という記述もあった。

 ワークシート例

第2章　2年生の「教えて考えさせる授業」づくり　69

「扇の的―『平家物語』から」（光村図書・平成24年度版）

3 「平家物語」を貫く無常観を古文から読み解く

▶ 単元の目標

・古典の文章を朗読して，その独特の調子やリズムに慣れ，作品を読み味わわせる。
・登場人物の言動から心情を理解し，作品に描かれたものの見方や考え方について自分の考えをもたせる。

▶ 単元指導計画　全4時間　（本時2時間目）

時間	ねらい
1	与一が的に向かう部分を音読し，与一の心情を読み取ることができる。
2	扇の的が射抜かれる部分を音読し，作品の基調となる無常観を読み取ることができる。
3～4	的が射抜かれた後の部分と，弓流しの場面を音読し，武士の価値観を読み取ることができる。

▶ 本時の理解深化課題

○与一によって海に散り，漂っている「扇」の意味するものを説明できる。

▶ 本時の困難度査定とその対応

・漢文口調が多く，音読に抵抗を感じる生徒が多いと予想される。
　→場面を区切って音読させる。対句や係り結びの表現に注目させ，リズム感をもって読むようにさせる。
・主語の省略が多く，登場人物の行動・状況の把握が困難である。
　→扇や弓の実物を用意し，人物の担当などを決めて実演させ，実際の矢や扇の動きを確認することを通して具体的なイメージにつなげたい。

本時の授業展開

予習	・教科書を声に出して読み，与一が射た矢が，扇に当たる前と当たった瞬間，その後の簡単な絵をシートに書く。
説明 (10分)	・「那須与一が置かれている状況」の確認……源氏と平家 　前時の学習事項と資料集の絵（写真）を元に，情景をイメージする。 ・与一が矢を放ち，扇に当たるシーンとその後の状況……生徒全員による音読 ・対句表現・擬音語・係り結びの表現効果【独特の調子とリズム】
理解確認 (5分)	○「予習で描いてきた3コマの絵」をペアで説明させる。 ※根拠となる教科書の記述をもとに，学習したことと関連付けて，根拠や理由を挙げながら説明させる。予習時につかんだイメージの誤りに気付いた場合は，ここで修正させる。
理解深化 (30分)	○生徒を源氏と平家に分けて「矢は扇のどこに当たり，その後どうなったのか」説明させる。さらに，この場面で「扇の意味するもの」を考えさせる。 《全体でのロールプレイング》 ・与一役と女房役の動向や扇の射られた後の動きについて確認させ，修正を図る。 《扇の暗示しているものをグループで協議》 ・扇は一旦空へ舞い上がり，その後海に散る……類似のことを考えさせ，グループで意見をまとめて発表させる。 ※滅び行く平家の象徴（暗示） ※「海へ散る」「浮きぬ沈みぬ」に着目 ※冒頭の一節～無常観を思い出させる。
自己評価 (5分)	・予習ではわからなかったが授業を通してわかったこと・できたこと，もっと調べてみたいこと，まだよくわからないことなどを文章で書かせる。
復習	・ワークブックの問題に取り組ませる。 ・次の部分を読み，次時の予習プリントに取り組ませる。

困難度査定に対応した授業アイディア

　この授業の理解深化課題として二つ用意した。一つは「扇に当たる矢」に着目させ，古文の読み取りを踏まえた状況の具体的理解である。もう一つは「扇の意味するものは何か」という抽象概念の理解である。理解深化の問題の型としては，「子どもがいかにも誤解しそうなこと」である。

　与一の放った矢がどこに当たり，その後の矢と扇の様子を的確にとらえさせ，そのことが，扇と矢の意味するものを考えさせる上で重要である。さらに，このことが平家物語の冒頭の「無常観」につながる。

《生徒解答》

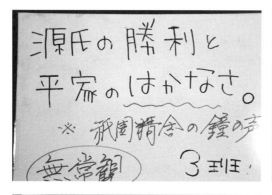
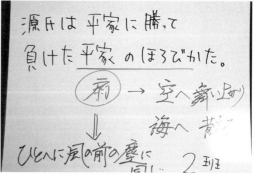

▶ 板書

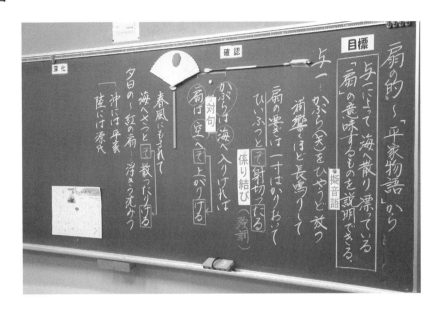

▶ 学びの深まりを見取る評価のポイント

・扇（と矢）が表している意味は，源氏と平家の関係（源氏が平家を破る）だということがわかった。
・授業の話し合いを通して，扇にそこまでの深い意味があったということに驚きました。
・源氏の勝利の裏に平家の散っていくはかなさを感じた。おもしろく，わかりやすい授業だった。
・深化はとても難しかったけど，各班の意見を聞いて，扇が意味するものがよくわかった。

(生徒自己評価より)

　ロールプレイングでは，実際の弓を用意し，与一と女房役の状況を「源氏」「平家」それぞれの立場から考えさせ，客観的な立場からも意見交換ができた。また，予習で自分が考えていた矢の当たり方や，その後の状況を原文と対比させながら誤概念の修正を図ることができた。
　「扇」が平家，「矢」が源氏を意味することは理解できるが，「たけき者もつひには滅びぬ」といった冒頭の無常観につながることや行く先を暗示していること等の理解を深めるには至らなかった。

＊本項は小川佳男先生の実践をもとに執筆している。

第2章　2年生の「教えて考えさせる授業」づくり　73

「扇の的―『平家物語』から」（光村図書・平成28年度版）

4 源平両軍の反応をリポートしよう

 単元の目標

・古典の文章を朗読して、その独特の調子やリズムに慣れ、作品を読み味わわせる。
・登場人物の言動から心情を理解し、作品に描かれたものの見方や考え方について自分の考えをもたせる。

 単元指導計画　全6時間　（本時4時間目）

時間	ねらい
1～2	与一が的に向かう部分を音読し、与一の心情を読み取ることができる。
3～4	扇の的が射抜かれる部分を音読し、源平両軍の反応を読み取ることができる。
5～6	的が射抜かれた後の部分と、弓流しの場面を音読し、武士の価値観を読み取ることができる。

 本時の理解深化課題

○扇の的が射抜かれた後の源平両軍の思いを説明することができる。

 本時の困難度査定とその対応

・本文を読み取って情景をイメージすることが難しい。
　→教科書の構成は、上段に古文・下段に現代語訳の二段になっているので、古文と現代語訳を交互に読む活動や古文をくり返し音読する活動を通して文の意味をとらえさせたい。また、教科書の写真（平家物語画帖など）を見たりイラストで板書をしたりして、情景を具体的にとらえさせたい。

本時の授業展開

予習	・扇の的が射抜かれる場面の古文と現代語訳を読み，プリントにまとめさせる。 ・前時に音読と情景の確認をしておく。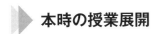
説明 (10分)	・音読練習 ・情景の読み取り（前時に読み取ったことを，古文中の表現で確認） 　与一……かぶらを取つてつがひ→よつぴいて→<u>ひやうど放つ</u> 　矢……十二束三伏（小兵といふぢやう・弓は強し）→長鳴りして 　　→<u>ひいふつとぞ射切つたる</u>→<u>かぶらは　海へ　入りければ</u> 　扇……　　　　　　　　　扇は　空へ　ぞ　上がりける（対句） 　　→ひらめきけるが→春風に…もまれて→海へさつと　ぞ　散つたりける 　※擬音語・擬態語・係り結び 　※海上の扇の描写 ・両軍の反応 　沖には　平家，ふなばたを　たたいて　感じたり， 　陸には　源氏，えびらを　たたいて　どよめきけり。（対句）
理解確認 (10分)	○対句で書かれた両軍の反応は，どのような状況を述べているかを説明させる。 　※「源氏は，与一が見事に的を射ぬいたことに感動し喜んでいる。平家は，敵の武将ながらその技に感動しほめている。」ということを，現代語訳を参考に説明できるとよい。
理解深化 (25分)	○現場からのレポートという形式で，両軍の反応を説明させる。 　※源氏・平家それぞれの武将たちの中におり，その状況をレポート（インタビュー）をして伝えるという設定とする。 　※プリントに書いたものを班のなかで紹介し合い，現場の状況がよく伝わるものを選んで全体に発表させる。
自己評価 (5分)	・予習からの本時の学習を振り返り，わかったことやまだよくわからないことを記述し，発表させる。
復習	・ワークブックの問題に取り組ませる。 ・次の部分を読み，次時の予習プリントに取り組ませる。

困難度査定に対応した授業アイディア

　登場人物になりきってその心情を述べる活動を好む学級では,「なりきり」で文章を書かせる深化課題を通して場面の状況や人物の心情についての理解を深めることができる。読み取った内容に即して, 想像の度が過ぎたりふざけたりしない範囲で自由に表現させると, 楽しみながら書けるようになる生徒が多い。その際, 本文に書かれている内容を盛り込もうとして読み返したり, 班の中で回覧しながら表現を工夫したりしている。

　班の中で回覧をした後に選ばれて学級全体に発表する作品は, どれも面白く, 場面の状況を十分とらえることができなかった生徒も, この課題を通して内容を理解できることがある。2時間扱いとして, 前時に音読と情景の確認をし, 本時は書く時間や交流する時間が十分取れるようにした。

《生徒解答》

・はい, こちらは源氏の陣地です。先ほどまでみんな息を詰めて与一を見守っていたのですが, 的が射抜かれたと同時に, ものすごい歓声が上がりました。えびらをたたく音が鳴り響いています。みなさん, 自分たちの代表が技を見せつけることができた, 源氏の名誉が守られたと, とても喜んでいます。

・はい, こちらは平家の舟です。源氏の弓の腕前を見せてもらおうかと見守っていた平家ですが, 予想に反して見事に射抜かれてしまい, みなさん驚いています。どうですか。
「いやあ, すごいですね。敵ながらあっぱれです。源氏にもすごい腕前の人がいるんですね。」
射手をほめる声は, まだ続いています。現場からは以上です。

 板書

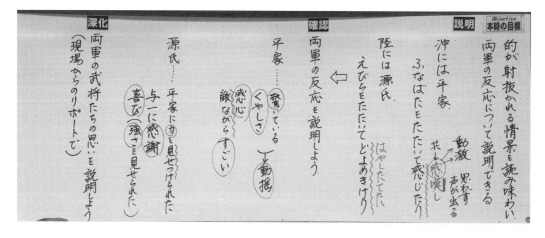

学びの深まりを見取る評価のポイント

・すばらしい腕前は敵味方に関係なくほめるということがわかった。
・両軍の様子を，テレビのレポーターみたいに書くことができた。
・Ｉ君のレポートを聞いて，ああそうかと思った。源氏と平家の様子がよくわかった。

(生徒自己評価より)

※ここで平家も相手の弓の技術に感動していることを十分確認して，次の場面へとつなげたい。

 ## ワークシート例

【確認】P.136⑩行目から⑫行目の対句で表された部分は，両軍のどんな反応を表現しているのかを説明しよう。

> 的が射抜かれる情景を読み味わい，両軍の反応について，説明することができる。

沖には平家，ふなばたを たたいて 感じたり，
陸には源氏，えびらを たたいて どよめきけり。

【深化】平家・源氏それぞれの武将たちの思いを書こう。

それでは，現場から両軍の様子を伝えてもらいましょう。まず，源氏の陣にいる，田原さーん！

…ありがとうございました。それでは，平家の舟にいる，西村さーん！

・今日の学習を通してわかったこと・よくわからなかったこと(具体的に)

第2章　2年生の「教えて考えさせる授業」づくり　77

「用言の活用」(光村図書・平成24年度版)

5 条件にあてはまる「動詞」を発見しよう

単元の目標

・用言の活用について理解する。

単元指導計画　全5時間　(本時3時間目)

時間	ねらい
1～3	動詞の活用について理解し、活用の種類と活用形を識別することができる。
4	形容詞の活用について理解し、活用形を識別することができる。
5	形容動詞の活用について理解し、活用形を識別することができる。

本時の理解深化課題

○動詞の「活用の種類(5種類)」と活用形を識別し、説明できる。

本時の困難度査定とその対応

・動詞の「活用の種類」(五段活用、上一段活用、下一段活用)の区別(見分けること)が難しい。

　→活用表に活用語尾を記入する際、「走る」と「走れる」、「話す」と「話せる」など、可能動詞(すべて下一段活用)を混同する生徒が多いので、「～することができる」という意味をもつかどうかを考えさせる。また、この3種類の活用語尾は、未然形を比べればア段(五段活用)・イ段(上一段活用)・エ段(下一段活用)から「―ない」につながることがわかるので、識別の手がかりとして意識させるとともに、ホワイトボードに掲示して示しておく。

▶ 本時の授業展開

予習	・教科書巻末まとめの「用言の活用」を読んで，予習プリントの「活用形・活用の種類」を記入させる。
説明 （10分）	・予習で確認している動詞の活用〜「動詞の活用の種類」について説明する。 ※語幹と活用語尾については，接続する語と一緒に，赤色と青色で示して，生徒が確認しやすいように配慮する。 ※まず「カ変・サ変」とそれ以外の動詞の識別をし，次に「ーない」を付けたときの直前の音（「ア段（五段）」「イ段（上一段）」「エ段（下一段）」）で見分ける手順【コツ】を説明する。
理解確認 （10分）	○ワークシートに示した動詞の活用の種類と活用形をペアで確認させる。 ①「活用形」の順番と活用語尾・接続する語を音読させて，パターン（リズム）をつかませる。 ②「話す」（五段活用）と「話せる」（下一段活用）の違いについて確認する。 ③「活用の種類」を見分けるポイントは，未然形（「ない」への接続であること」が活用できる。　　　　　　　　以上３点に重点をおいて活動を展開したい。
理解深化 （25分）	○次の標語について，傍線部動詞の「活用の種類」と「活用形」を説明させる。また，条件に合う□□に入る動詞を答えさせる。 「集中し　聞くとき　目を閉じ　□□！」 （サ変・連用　五段・連体　上一段・連用　下一段・命令） 実際に生徒自身が使用する文（文脈）の中で考えさせることが必要である。本時は，習得事項の説明問題と，空欄補充であてはまる動詞を考えさせる問題を設定した。実際の状況をイメージしながら，動詞の「活用の種類」や活用形を意識し，確認する必要がある問題を設定した。
自己評価 （5分）	・動詞の規則性に関する記述や，「ない」に続く未然形の活用語尾で判断できるというコツをつかんだ記述の自己評価（振り返り）を引き出したい。
復習	・ワークブックの問題を解かせる。

困難度査定に対応した授業アイディア

　理解確認の段階で，動詞の活用形の見分け方のコツ（未然形に「ない」を付ける）は習得できている。

　今回は，動詞の活用の種類と活用形が識別できることの思考を逆転させて，文脈に合った「下一段活用の命令形」の動詞（考えろ・改めろ・戒めろ・受け止めろ）を考えさせる課題を設定した。

　生徒の困難度となる「五段・上一段・下一段活用」については，右の移動式ボードを使って，生徒の説明支援にあたった。深化課題の生徒の答えとしては，①

「未然形と連用形」の識別が難しく，混同している生徒が多かった。②「空欄補充問題」については，困難度は高いと予想していたが，4グループ全てのグループで正解が出た。他の問題でも転換型の課題設定は有効であると考えられる。

《生徒解答》

　空欄については，4グループのうち3グループが「考えろ」，1グループが「たえろ（耐えろ）」と答えた。いずれも，活用の種類の識別のしかたを踏まえて説明できた。

 板書

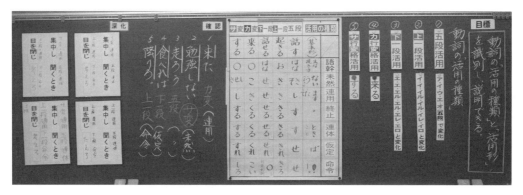

学びの深まりを見取る評価のポイント

・今日の授業で，活用の種類（上一段活用・下一段活用）の，特に理解深化で，言葉の意味を考えて，どのような状態（働き）かを考えたら違いがわかるということがよくわかりました。
・「動詞の活用の種類」を見分けるのに，未然形で「ない」を付けるとよくわかった。
・「集中し」の「し」は上一段活用と思ったけど「する」のサ変だとわかりました。しかし，未然形・連用形は「イ段」で同じなので次からは注意したいと思います。

（生徒自己評価より）

＊本項は小川佳男先生の実践をもとに執筆している。

 ワークシート例

「付属語」（光村図書・平成24年度版）

6 働きに着目してふさわしい格助詞を考えよう

※書籍化にあたって再構成したため，授業展開と板書・ワークシートは一部異なる。

単元の目標

・助詞と助動詞の働きや種類について理解し，具体的な文の中で意味や使い方を識別できる。

単元指導計画　全5時間　（本時1時間目）

時間	ねらい
1～3	助詞の種類と働きを理解し，文の中での役割を説明することができる。
4～5	助動詞の働きや活用について理解し，文の中での役割を説明することができる。

本時の理解深化課題

○格助詞によって変わる俳句の情景を踏まえて，ふさわしい助詞をあてはめる。

本時の困難度査定とその対応

・文の中で，単語として助詞を識別することが難しい。
　→授業で使用するワークシートでは，生徒全員が助詞を単語としてとらえられるよう，文を単語に区切っておく。また，本時の学習内容を格助詞に限定し，基本は10種類であることを伝える。
・格助詞の働きを意識することが難しい。
　→教科書にある格助詞の働きについて，それぞれ例文を示し，予習課題として格助詞をあてはめながら確認させた上で，授業で説明する。

▶ 本時の授業展開

予習	・教科書を読んで，予習プリントに助詞・格助詞の働きを記入させる。 ・予習プリントの空欄に格助詞をあてはめ，格助詞の用法をおおまかにとらえさせる。
説明 (10分)	・助詞の定義（一年次既習）を確認する。 ・「格」とは，名詞とそれが結び付く語の意味関係である。 　※格助詞は，主に名詞の後に付く。できあがった文節は，主語や修飾語になる。 ・格助詞（10個…を，に，の，から，より， 　へ，が，で，と，や）を識別する視点。 　働き…文の成分（5種類）のうち，何であ 　　　るか。 　用法…後の語の何を説明しているか。 　※説明用のワークシート例文は，文節や助 　　詞を区切ったものとする。
理解確認 (10分)	○格助詞だけが異なる俳句二句について，「蛍の様子」を，格助詞の用法を踏まえて想像し説明させる。 「米洗ふ前（に・へ）蛍の二つ三つ」 ※「に」…存在する場所（目の前に来る，止まっている蛍） 　「へ」…方向（目の前に向かって飛んでくる蛍） 　蛍を見ている時間や空間の広がりに着目して情景をとらえさせる。
理解深化 (25分)	○同じ俳句に他の格助詞をあてはめた場合の「蛍の様子」を考え，班で話し合った後に最もよいと思ったものを説明させる。 「米洗ふ前（　　）蛍の二つ三つ」 ※「を」…移動する場所（目の前を通り過ぎる蛍） 　「で」…動作が行われる場所（目の前で飛ぶ，光る蛍） 　「から」…起点（目の前から飛んでいく蛍）　など，格助詞の働きに着目して考えさせる 　※時間がとれれば，蛍が時間的・空間的に最も大きな動きをするのはどの助詞を 　　用いた場合かを考えさせたい。
自己評価 (5分)	・予習からの本時の学習を振り返り，わかったことやまだよくわからないことを記述し，発表させる。
復習	・ワークブックの本時の学習内容に該当する問題を解かせる。

第2章　2年生の「教えて考えさせる授業」づくり　83

困難度査定に対応した授業アイディア

　4種類の助詞については，種類や働きを識別できることも大切だが，正しく読み書きするためにそれぞれの助詞が文の中でどのような働きをしているのかを実感として生徒がとらえることが大切と考え，この授業を計画した。今後の読解や作文の学習に生かせるよう，この時間は格助詞に絞り，時間に余裕をもたせて生徒の理解を深めることとした。

　格助詞は主に体言につくこと，できあがった文節が文の成分の何になるかについては，予習を踏まえて説明し，深化課題に十分な時間をとることをめざした。課題として取り上げた俳句は，3年生の教科書の文法の単元に掲載されているものであるが，格助詞によって句の情景が変わることが生徒にも説明しやすいものなので，使用した。俳句の五・七・五のリズムから外れる「から」を選んだ班があったが，情景を説明することができればよしとした。

《生徒解答》
「で」を選択……米を洗う目の前を蛍が飛んでいるという見た印象が伝わる。
「を」を選択……米を洗っている前を蛍が2，3匹通っていったという移動が感じられる。時間の幅がある。
「から」を選択……米を洗っている人の前から，蛍が2，3匹こちらへ向かって飛んできた。

 板書

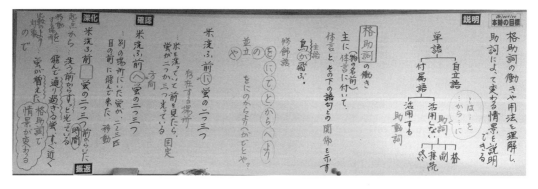

学びの深まりを見取る評価のポイント

・蛍の動きを考えるのは難しかった。時間の幅があることも初めて知った。
・助詞は付属語だけど、助詞が変わるだけでいろいろなことを表せるとわかりました。
・助詞に注意して読むと、その場の様子がよくわかることがわかりました。今度から、助詞にも注意して読みたいと思います。

(生徒自己評価より)

 ワークシート例

格助詞の働きや用法を理解し、助詞によって変わる情景を説明することができる。

夕方になって、夕食のためのご飯を炊くので米を洗って(とぎで)います。昔のことなので、屋外にある井戸のそばで米を洗います。ふと気配を感じて視線を上げると、蛍が…

米洗ふ前 [に] 蛍の二つ三つ …

格助詞の用法は( )

【確認】次の二つの俳句の違いは格助詞だけだが、それぞれの俳句の蛍の様子を説明しよう。

米洗ふ前 [へ] 蛍の二つ三つ …

格助詞の用法は( )

【深化】「に」「へ」以外の格助詞をあてはめると、蛍の様子はどのように変わるだろうか。格助詞の用法をふまえて考えよう。

米洗ふ前 [ ] 蛍の二つ三つ

[ ]を使うと、

※使える格助詞は、いくつかあります。いろいろ考えてみましょう。
○グループのベストアンサーは…

第2章　2年生の「教えて考えさせる授業」づくり　85

「熟語の構成」（光村図書・平成28年度版）

7 「二字熟語の構成」を識別し，説明しよう

 単元の目標

・熟語の構成について理解させる。
・表意文字である漢字の性質についての理解を深め，造語力の強さを実感させる。

 単元指導計画　全2時間　（本時1時間目）

時間	ねらい
1	二字熟語の主な構成を理解し説明することができる。
2	三字熟語および四字以上の熟語の主な構成を理解し説明することができる。

 本時の理解深化課題

○漢字個々の意味を踏まえて二字熟語の構成を識別し説明する。

 本時の困難度査定とその対応

・「上の漢字が下の漢字を修飾する熟語」と「下の漢字が上の漢字の目的や対象を示す熟語」とを区別することが難しい。
　→二字の関係をとらえやすいように，板書に矢印などの記号を使って表示する。既習である漢文の訓読の要領で，「書き下し文」にするとき上下どちらの字を先に読むのかを考えさせる。
・漢字のもつ意味をとらえることが難しいため，「似ている」「対になる」関係を識別することが難しい。
　→表意文字である漢字それぞれがもつ意味の組み合わせであることを意識させ，意味のとらえにくい漢字については漢和辞典で漢字の意味を確認しながら考えさせる。

本時の授業展開

予習	・教科書を読み，説明や語句のわかりにくい箇所や漢字に付箋やマーカーで印をつけさせる。
説明 (15分)	・二字熟語の構成を知る。 　①…意味が似ている漢字の組み合わせ 　　　強大（強＝大）　思考（思＝考）　など 　②…意味が対になる漢字の組み合わせ 　　　強弱（強←→弱）　前後（前←→後）　など 　③…主語（上）と述語（下）の関係 　　　地震（地ガ→震エル）　雷鳴（雷ガ→鳴ル）　など 　④…下の漢字が上の漢字の目的・対象 　　　洗顔（洗ウ←顔ヲ）　就職（就ク←職ニ）　など 　⑤…上の漢字が下の漢字を修飾 　　　強敵（強イ→敵）　軽傷（軽イ→傷）　激増（激シク→増エル）　など 　⑥…同じ漢字を重ねて強調したもの　　刻刻（刻々）　喜喜（喜々）　など ※それぞれの漢字が意味をもっており，その組み合わせであることを意識させる。 ※③～⑤については，既習の漢文訓読を思い起こさせる。 ※⑥については，参考にとどめる。
理解確認 (10分)	○五つの二字熟語について，それぞれの漢字のもつ意味と熟語の構成を説明させる。 　※説明しやすくなるよう，説明の仕方を示し，考えたことをペアで確認させる。 　「漢字Ａの意味は○○，Ｂの意味は△△なので，……の関係になるから□番」
理解深化 (20分)	○漢字の意味を踏まえて，熟語の構成を説明させる。「慶弔」「遷都」「俊足」「搭乗」 　※グループを作り，漢和辞典でそれぞれの漢字の意味を調べて，話し合いながら構成を判断させる。 　※全体に発表するときはどのように言えばよいかを，グループで工夫して練習させる。熟語をＡ３サイズに大きく印刷したものを各班に配り，話し合いや発表の場面で使わせる。 　※他の班の発表を聞き，自分たちの班の考えた構成や説明の仕方と比較させる。
自己評価 (5分)	・予習からの本時の学習を振り返り，わかったことやまだよくわからないことを記述し，発表させる。
復習	・ワークブックの該当する問題を解かせる。 ・三字以上の熟語の構成について，教科書の説明を読んで二字熟語の構成と比較させる。（次時の予習を兼ねる）

困難度査定に対応した授業アイディア

　漢字は，音読みで熟語として用いられる場合が多い。それらの意味を正しくとらえるためには，それぞれの漢字の意味と漢字の関係や組み合わせ方を知ることが大切である。漢字の読み書きの困難さが，文章を読んで理解する上での困難につながると思われる場合もあり，既習の漢字の意味を正しく理解した上で使いこなす力を伸ばすことが必要である。本時は，二字熟語の主な構成を説明した上で，実例について検討しながら理解させる題材である。

　漢字のもつ意味に着目させながら，「似ている」「対になる」を識別させるほか，文法・古文の既習事項を踏まえて「主語・述語」「修飾・被修飾」「後の漢字が目的や対象となる」「接頭語・接尾語」などを理解させたい。

　理解確認，理解深化で取り上げた熟語は，全て教科書に掲載されたものである。グループ内や全体に熟語の構成を説明させることを通して，理解を深めさせたい。

《生徒解答》

　理解深化課題については，「慶弔」については，漢和辞典でそれぞれの漢字の意味を調べるまで識別がしにくい生徒が多かった。また，「搭乗」については，「搭」を「塔」と見誤り「塔に乗る」と読んだり，「俊足」については「足が俊い」のように後の漢字を主語ととらえたりする生徒がいた。グループごとの話し合いや全体への発表を通して誤りに気付くことができた。

 板書

学びの深まりを見取る評価のポイント

・漢字一つ一つがもつ意味を考えることで、五つの構成の違いがわかった。漢文や文法で学習したことを使うと考えやすかった。
・「4目的・対象を示す構成の熟語」と「5修飾する熟語」の区別が難しい。
・今日の学習で、熟語の構成にも規則性があり、それをもとに考えると理解しやすいと思った。

(生徒自己評価より)

ワークシート例

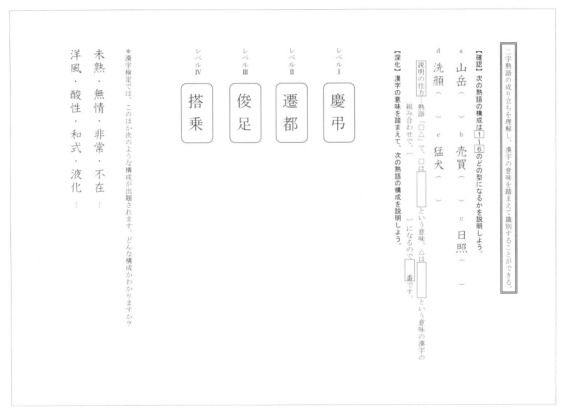

「平成26年度　全国学力・学習状況調査」の教材を用いた授業

8 本や文章から適切な情報を得て，考えをまとめる

単元の目標

・複数の資料から適切な情報を取り出し，伝えたい事柄が明確に伝わるように書く。
・質問に対して回答する文章を結論と根拠が明確に伝わるように書く。

単元指導計画　全1時間　（本時1時間目）

時間	ねらい
1	・質問に対して回答するために必要な情報を見極め，ふさわしい資料から情報を集めることができる。 ・集めた情報を，質問に対する回答の形式で文章にまとめることができる。

本時の理解深化課題

○二つの資料から必要な部分を抜き出して，質問に対する回答の文を書く。

本時の困難度査定とその対応

・質問に対する回答に必要な情報を見極めることが難しい。
　→まず，質問の文を読み，何を答えればよいのか（回答に盛り込む情報は何か）を確認させる。その後資料を読ませ，どの資料からどのような情報が得られるのかを読み取らせる。
・集めた情報を文章にまとめることが難しい。
　→条件に合った文章になるにはどうすればよいかを考えさせる。今回は，「……なぜか。」という質問に答える文であるので，文末を「……から。」とすることや，短い文で一つずつ説明し根拠を挙げる書き方が書きやすくわかりやすい文章にもなることを説明する。

＊本項は平成26年度　全国学力・学習状況調査の結果を踏まえた授業アイディア例　中学校
「説明的な文章を読んで，質問に答えよう」（http://www.nier.go.jp/jugyourei/h26/data/mlang_04.pdf）
をもとに執筆している。

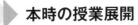
本時の授業展開

予習	・「授業アイディア例」のワークシートを読み，どのように回答すればよいかを考えさせる。（可能な生徒は，回答の文を書いてみる）。
説明 (10分)	・質問に回答するために必要な情報 「マグロの刺身は，タイの刺身に比べて，色が赤いのはなぜか」 　＊マグロの刺身の色が赤い理由 　＊マグロとタイの違い（タイの刺身は，マグロに比べて赤くない） ・【資料①】から 　＊ミオグロビンを多く含む筋肉は，色が赤くなる。 　＊ミオグロビンとは，筋肉にある酸素を貯蔵するタンパク質である。 ・【資料②】から 　＊マグロは広い海域を長時間回遊する魚。→「遅筋」が発達する。 　＊タイは素早い動きをする魚。→「速筋」が発達する。 　＊「遅筋」にはミオグロビンがより多く含まれて，筋肉に酸素を供給する。
理解確認 (10分)	○【資料①】【資料②】からわかることを説明させる。（回答するために必要な情報をまとめさせる） 　＊魚の身の色が赤い理由……筋肉にミオグロビンが多く含まれているから。 　＊マグロとタイの違い……マグロは回遊する魚で「遅筋」が発達している。「遅筋」にはミオグロビンが多く含まれる。タイは，素早い動きをする魚で「速筋」が発達している。
理解深化 (25分)	○二つの資料から必要な部分を抜き出して，質問に対する回答の文を書かせる。 　※資料から選んだ情報を，回答の文として成立するようにまとめさせる。 　※書き上げた文章を班のなかで読み合い，もっともよく書いている文章をもとに，班のみんなでベストアンサーを考えさせる。 　《観点》 　・質問に対する回答になっているか。 　・必要な情報が正しく書かれているか。 　・結論に対する根拠が明確に書かれているか。 　・説明の順序が適切でわかりやすいか。
自己評価 (5分)	・予習からの本時の学習を振り返り，わかったことやまだよくわからないことを記述し，発表させる。

困難度査定に対応した授業アイディア

　小学校6年生で実施した全国学力・学習状況調査や県で実施する学力定着状況確認問題で，必要な情報を読み取る力や条件に沿って文章を書く力に課題の見られる学年である。平成26年度の全国学力・学習状況調査の結果を受けて，授業の改善・充実を図るためのアイディアとして紹介されていた問題を実施した。

　一つの文章から答えとなる部分を見つけることは，かなりの生徒ができるが，複数の資料から得た情報を組み合わせることは難しい生徒が多い。ここで取り上げられている資料は，生徒にもなじみのある食品を取り上げたイメージの湧きやすい文章であり，それぞれが短めの文章であるため，必要な情報を探しやすい課題である。

　「なぜ……」という質問に対して，「……から」で受ける形で答える文を書くこと，必要な情報を順序よく使うこと，主述のねじれの生じにくい短い文をつなげて書くことなどのポイントを習得させ，書くことの苦手な生徒にも取り組みやすいよう，スモールステップを重ねて，読む力や書く力を伸ばしたい。

《生徒解答》

・タイは，獲物を捕ったり天敵から逃げたりするときだけ素早く動くから，「速筋」が発達する。一方マグロは，常に回遊しているから「遅筋」が発達する。この「遅筋」にはミオグロビンというタンパク質が多く含まれており，このミオグロビンが赤いからマグロの刺身は赤い。

・マグロは常に回遊していて，ミオグロビンというタンパク質を含む「遅筋」が発達している。この筋肉に含まれるミオグロビンは色が赤いため，マグロの身は赤い。一方，タイは素早い動きをし，「速筋」が発達している。「遅筋」は「速筋」に比べてミオグロビンを多く含むため，マグロの刺身はタイの刺身に比べて色が赤いという特徴がある。

 ## 板書

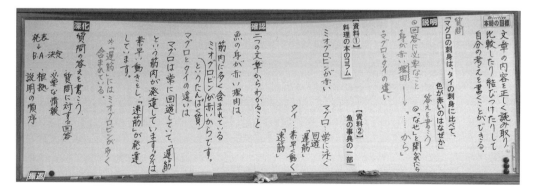

学びの深まりを見取る評価のポイント

・マグロとタイの違いや身が赤い理由をわかりやすく答えることができた。初めは，マグロを先に書いていたけれど，Fさんがタイから書いていてわかりやすかった。
・文章中から，根拠となる一文を探し，抜き出すことができたのでよかった。理由が二つあるときは，より読みやすくなるように書く順番に気をつけたい。
・まとめたつもりだったが，一文が長くなってしまったので，気をつけたい。

(生徒自己評価より)

※生徒たちは，班の中で読み合わせをするときに，必要な情報がそろっているか，またその順序はどうかという視点でお互いの文章を見ることができた。ベストアンサーを作る中で，一文の適当な長さにも気をつけることができた。

 ワークシート例

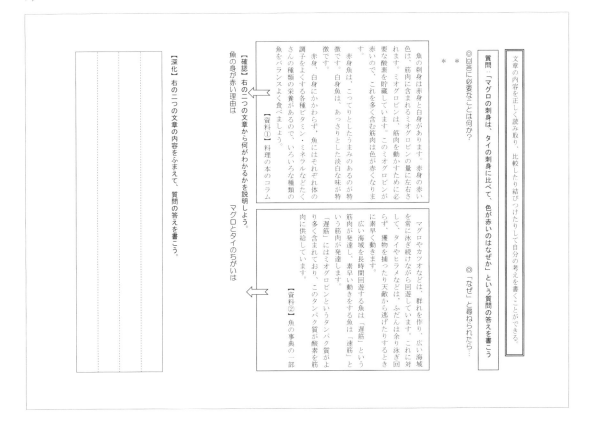

第3章
3年生の「教えて考えさせる授業」づくり

---

1 「場に応じた言葉遣い」（自作教材）
  正しい言葉遣いで的確に話そう
2 「推敲して，文章を磨こう」
  下書きを推敲してよりよい文章にしよう
3 「故郷」
  この人物を登場させる作者の意図は何か
4 「音読を楽しもう　古今和歌集　仮名序」
  思いが伝わる「撰者の言葉」を書こう
5 「夏草―『おくのほそ道』から」
  芭蕉の旅にかける思いを語ろう
6 「夏草―『おくのほそ道』から」
  芭蕉の無常感を解説しよう

「場に応じた言葉遣い」(自作教材)

1 正しい言葉遣いで的確に話そう

 単元の目標

・場面や相手を意識し、聞き手に自分の意図を的確に伝えようとする態度を養う。
・場の状況や相手の様子に応じて話すとともに、敬語を適切に使うことができるようにさせる。

 単元指導計画　全1時間　(本時1時間目)

時間	ねらい
1	・敬語を適切に使い、場に応じた言葉を使って自分の伝えたいことが相手に十分伝わるように話すことができる。 ・相手の質問を的確に聞き取り、それに応じた回答をすることができる。

 本時の理解深化課題

○高校入試の面接の場面を設定し、質問に答える。

 本時の困難度査定とその対応

・質問されたことに対して、すぐにまとまった内容を答えることが難しい。
　→予習段階で、いくつかの質問を示し、何を答えるか考えさせておく。
・敬語を適切に用いて話すこと、特に尊敬語と謙譲語の使い分けが難しい。
　→相手や相手側には尊敬語、自分や自分側には謙譲語という原則を確認し、誰のことを言っているのかを考えて使い分けさせる。
・くだけた表現や略語などを、改まった場で使うことに問題がある言葉であるととらえにくい。
　→「部活」「スマホ」など、生徒の身近でよく使う略語や、家族の呼称などを中心に、正しい言い方を理解させる。

本時の授業展開

予習	・プリントの日常会話や面接の問答の言葉遣いの誤りを訂正し，学習の見通しをもたせる。 ・本時の面接練習で質問されることを10項目示して，答える内容を考えさせる。
説明 (10分)	・面接など改まった場での言葉遣いについて気をつけること ①一人称は「ぼく」「わたし」 ②文末は敬体（丁寧語） ③相手側には尊敬語，自分側には謙譲語 ④日常会話中のくだけた表現を出さないこと ※「部活」などの略語や，「おかあさん」などの呼称を使いがちである。
理解確認 (10分)	○面接時の応答の表現について，言葉の誤りを訂正し，何が間違っているかを説明させる。 ※説明の①～④のどれに該当するかを踏まえて説明させる
理解深化 (25分)	○3～4人ずつのグループに分かれ，一人ずつ面接を模した質問に答えさせる。 ※自分以外の生徒の応答などについて，プリントに気付いたことを記入し，相互評価をした後に，担当教師の指導を受ける。 ※3年生の面接指導を担当する管理職や学年部の教員に面接官を担当してもらう。 { 志願理由，将来の夢，長所と短所，ニュース，得意（不得意）科目，部活動， 　生徒会活動，中学校生活，高校生活の抱負，体験入学の印象 }
自己評価 (5分)	・予習からの本時の学習を振り返り，わかったことやまだよくわからないことを記述し，発表させる。
復習	・模擬面接で尋ねられなかった質問に対して，本時の学習を踏まえてどう答えるかを考えさせる。 ※学級・学年で計画する面接練習に生かす。

困難度査定に対応した授業アイディア

　班に分かれ，一人ずつ教員が面接官の役をして質問に答えさせる。質問の意図を正しく聞き取って理解し，自分自身の経験や知識の中に材料を求めて答える課題であるが，今回は「目的や場面に応じた言葉遣い」など「語句や文を効果的に使う」ことに重点を置くために，あらかじめ10の質問を用意して，事前に答える内容を考えさせておく。一人ずつ順番に受験生として質問に答え，他の生徒は受け答えを観察しながら気付きをメモしておく。一人５分程度の面接を終えた後，個別にアドバイスをし合う。

　質問に答えるということが，書いたものを読み上げることとは違うこと，また，知識としては理解している敬語の使い方が難しいことを，応答を通して感じるであろう。緊張した場面では言葉遣いに注意を払う余裕がなくなることを実感し，日頃から正しく敬語を使い，きちんとした言葉遣いができるようにしておくことが大切であると気付いてほしい。また，面接での応答では，質問の意図を正しくつかんで相手の求めていることを答えることが大切であると気付き，入試面接に向けて自分を見つめ直す意識を高めてほしい。

《予習課題の一部》

生徒：先生，来週の保護者会のことで，相談したいことがあるんだけど。
　　　　　　　　　　　　　　　　　（ご相談したいことがあるのですが）
先生：何ですか？
生徒：お母さんが，仕事が休めんからほかの日にしてほしいって　言ってた。
　　　（母）　　　（休めないので）　（していただけませんかと）（申していました）
※言葉遣いの誤りに下線を引き，正しい表現を書く。

 板書

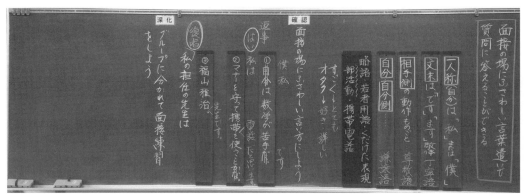

学びの深まりを見取る評価のポイント

・「部活」や「携帯」は，正しい言葉遣いではないことがわかった。気をつけようと思う。
・緊張すると，思ったように話せないことがわかった。敬語をまちがえたりしないように，日ごろから正しい言葉遣いを心がけたい。
・答えることを用意していても詳しく聞かれると答えられない質問もあったので，何を聞かれてもよいように色々考えて入試面接の準備をしたい。質問で何を聞かれているのかを正しく聞き取って，きちんと答えたい。

(生徒自己評価より)

ワークシート例

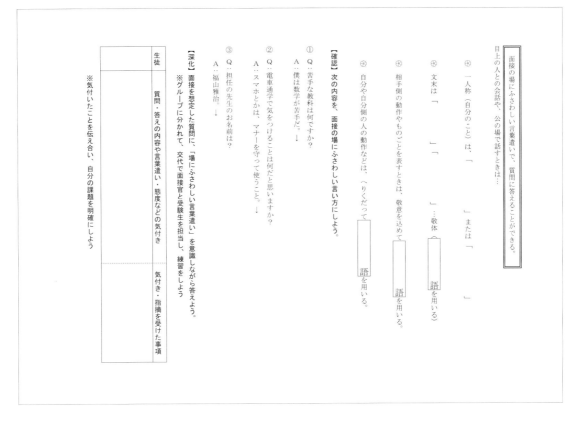

「推敲して，文章を磨こう」（光村図書・平成24年度版）

2 下書きを推敲してよりよい文章にしよう

 単元の目標

・推敲することの意義を知り，書いた文章を進んで推敲しようとする態度を養う。
・文字，表記，係り受けなどの観点から文章を推敲し，読みやすくわかりやすい文章に整えさせる。
・読みやすくわかりやすい文章にするために言葉を吟味し，語感を磨き，語彙を豊かにさせる。

 単元指導計画　全6時間　（本時4時間目）

時間	ねらい
1	『「記憶」と「資料」』を読み，メモの役割を知る。
2～6	修学旅行記を書く。

 本時の理解深化課題

○推敲の観点に沿って各班の担当する作文の下書きを推敲し，訂正した箇所について，他の班の生徒に説明する。

 本時の困難度査定とその対応

・主語と述語の係り受けの対応が不適切なことに気付きにくい。
　→係り受けのねじれた文を取り上げ，主語と述語を抜き出して不自然な組み合わせになっていることを説明する。実際に生徒が書いた文をいくつか取り上げて説明や確認をする。
・一文が長くなりやすい。
　→主語と述語の係り受けを正しくすることや，被修飾語を明らかにするためには，文を短くして文節同士の関係がわかりやすくなるよう気をつけることを指導する。生徒の中には，短い文を書くことを稚拙な表現と感じる者もいるので，接続詞を使ってわかりやすく書くことが書くときも読むときもミスを少なくすることを伝える。

本時の授業展開

予習	・教科書を読んで推敲のポイントを知り，それに沿って課題文を推敲させる。 ・修学旅行記の下書きを原稿用紙に書かせる。（前時に書き上げられなかった生徒）
説明 (10分)	・予習をもとに，推敲のポイントを確認する。 〈表記〉 ①文字・表記の誤り　　　　　④文の適切な係り受け（特に主語・述語） ②句読点を適切に打つこと　　⑤内容に応じた段落 ③文の長さが適切であること　⑥文の接続（接続詞） 〈内容〉 ⑦言葉の意味 ⑧事実の正確性 ⑨量や程度
理解確認 (10分)	○生徒作文の一部を推敲し，どのポイントに沿ってどのように訂正したかを説明させる。 〈例〉僕がびっくりしたことは，注文をするときに，たこなしで注文する人がいる，と言っていたので，たこがないと，たこ焼きにならないと思いました。 ※説明の③の観点で文を分け，④の観点で主語・述語の係り受けが適切になるようにする。
理解深化 (25分)	○推敲の観点に沿って各班の担当する作文の下書きを推敲し，訂正した箇所について，他の班の生徒に説明させる。 ※別の班の生徒の下書きのコピーを用意し，最初に一人で推敲した後，班ごとに集まり，各自が訂正した箇所を発表させる。訂正した箇所について，手元の拡大コピーに訂正箇所を記入させる。 ※机の周りに集まって，一班ずつ訂正箇所について説明させる。
自己評価 (5分)	・予習からの本時の学習を振り返り，わかったことやまだよくわからないことなど，推敲を通して気付いたありがちなミスなどを記述し，発表させる。
復習	・他の生徒の推敲した点を踏まえて，もう一度自分の文章を見直し，必要な箇所を訂正する。

困難度査定に対応した授業アイディア

　生徒は，前時までに修学旅行期間中にとったメモをもとに，いったん文章を書き上げている。その文章から班ごとに共通の作品（班のメンバー以外の書いたもの）を選んで与え，推敲させる。

　説明から理解確認まで，推敲のポイントを踏まえて訂正や説明をさせることで，書くときにありがちな誤りを意識しながら推敲させるようにしたい。

　まず個人で推敲させる。その後，班ごとに推敲した部分を出し合わせて，拡大コピーした一枚の原稿に推敲した点を赤ペンで記入させる。その際，表記だけでなく内容についても不足の点があれば指摘させる。他の班に対して，自分たちが訂正した箇所と観点について紙で示しながら説明をさせる。

　自分の書いた文章にも，工夫や改善すべきところがあることに気づき，文章を書いた後の推敲という段階が大切であることを再確認させたい。また，文章表記だけでなく，内容面で細かく正確な記憶の補完としてメモや資料が重要であることを自分の文章を通して認識させ，今後はメモや資料を活用しようという姿勢ももたせたい。

 板書（部分）

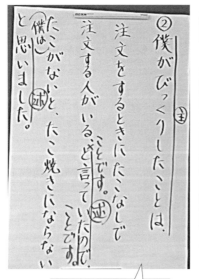

【理解確認】
二人組で推敲した箇所と観点を説明し合い，全体に発表する。

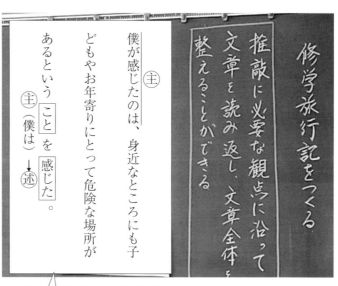

【説明】
予習をもとに推敲のポイントを全員で確認する。

学びの深まりを見取る評価のポイント

・主語と述語の係り受けがよくわかるように気をつけて書こうと思いました。
・理解確認で自分の書いた文が取り上げられました。よく見てみると，変な文になっていたので，気をつけようと思います。
・自分の下書きを推敲してもらいました。たくさん訂正がありました。一つの文が長くなりすぎて，途中で主語と述語が対応しなくなることがわかったので，文はできるだけ短くするようにして，主語と述語がよくわかるようにしたいと思います。

(生徒自己評価より)

ワークシート例

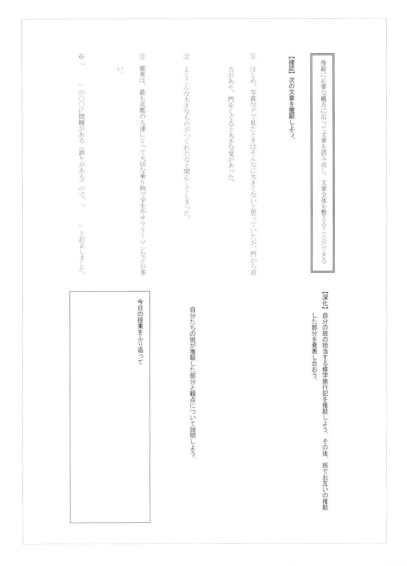

「故郷」（光村図書・平成24年度版）

3 この人物を登場させる作者の意図は何か

 単元の目標

・表現や場面，登場人物の設定に着目して，内容を読み深めさせる。
・時代や社会の変化の中での人と人との関わりについて考えをもたせる。

 単元指導計画　全7時間　（本時4時間目）

時間	ねらい
1	全文を通読し，登場人物の関係を説明することができる。
2～6	登場人物の変化や心情について読み取ったことを説明できる。
7	社会についての作者の考えを読み取り，自分の考えをもつ。

 本時の理解深化課題

○ヤンおばさんを登場させた作者の意図を説明する。

 本時の困難度査定とその対応

・人物像についての読みが深まらず，変化をとらえにくい。
　→人物の呼称が「……五十がらみの女」「ヤンおばさん」「コンパス」などが同じ人物を指していることを確認する。項目を設定して，記憶にある人物と目前の人物の描写を対照させて，変化をとらえさせる。
・人物の立場に沿った読みができにくい。
　→中学生は，「ヤンおばさん」を最初に「いやな人物」というイメージでとらえ，嫌悪感をもって読んでしまいがちである。纏足の説明を通して，二十年間の彼女の生活について考えさせたい。

本時の授業展開

予習	・教科書を読み，ヤンおばさんの外見，内面，行動などの変化と人物から受ける印象についてプリントにまとめさせる。
説明 （10分）	・ヤンおばさんの変化 　容貌，姿勢，「私」への態度，呼び名，暮らし向き，身体能力 ・変化の理由 　①時間による変化（老化）， 　②生活・環境の変化（貧困）……作者の意図がある ※黒板に表を作って項目ごとにまとめ，変わった理由は上記①②のどちらによるものかを確認する。 ※作品後半の母の話として語られる部分にも着目させ，纏足の画像を示し，ヤンおばさんの生活の変化について理解を促す。
理解確認 （10分）	○ヤンおばさんの変化の理由を説明させる。 ※ヤンおばさんが「私」が気付かないほど変わっていた理由は，年月が経過したことだけではなく，故郷の村の貧困とヤンおばさんの長年にわたる苦しい生活のためであることを例を挙げながら説明させる。
理解深化 （25分）	○ヤンおばさんをこの場面に登場させる作者の意図を説明させる。 　※個人で考えた後，班に分かれて話し合わせる。
自己評価 （5分）	・予習からの本時の学習を振り返り，わかったことやまだよくわからないことを記述し，発表させる。
復習	・ルントウの変化について，同様にまとめさせる。 　※次時の予習を兼ねる。

困難度査定に対応した授業アイディア

　ヤンおばさんがこの作品の中で果たしている役割をとらえさせるために,「ヤンおばさんをこの場面で登場させる作者の意図は何か」という課題に取り組ませる。まず,一人で課題に取り組ませ,班に分かれて話し合いをさせる。その際,ヤンおばさんを登場させずにいきなりルントウとの再会場面になっていたらこの作品の印象がどのように変わるのかについても考えさせたい。

　貧困の中で「野放図に」生きる人物を登場させることで,本当に貧しく人々の心もすさんでいる故郷の姿を描こうとした作者の意図に気付かせたい。また,同じく故郷に暮らす人として,次の場面で登場するルントウの変化へとつながるものであることにも気付かせたい。予習段階では人物の変化については読み取れていると思うが,人物の変化には様々な原因があり,文学作品を読み取る上で大切なポイントになることをこれからの読書の参考にさせたい。

《生徒解答》
・時間が経てば,環境や人は変わるということ,昔と何もかも同じわけではないということを伝える。昔と今のヤンおばさんや村の状態を比較することで,村がどれだけさびれているのか,村の人の状態がどれほど悪いかがわかるから。
・故郷が美しさを失ったことを「私」に確信させるために,故郷やそこに住む人々の象徴としてヤンおばさんを登場させる。昔とは変わって故郷がどのような状況になっているかを伝えるため。
・ヤンおばさんを登場させることで,その行動から村とそこに住む人々の貧しさを表現する。村の貧しさを詳しく伝え,「私」の家族と周りの人々を比べて生活の格差を表現するため,また,故郷のさびれた様子をさらに際立たせて表現するため。

 板書

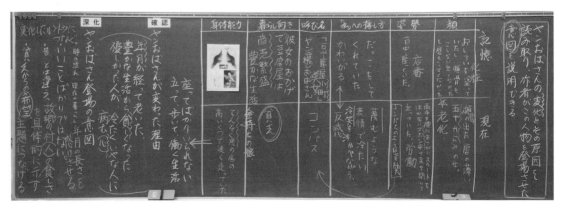

学びの深まりを見取る評価のポイント

・ヤンおばさんは、村の人々の象徴だとわかりました。
・ヤンおばさんの変わりっぷりや、それからわかる村の変貌がよくわかりました。
・ヤンおばさんの登場は、故郷がどのように変わったのかを伝えるためだということがわかりました。
・なぜ突然ヤンおばさんが登場してくるのかなど疑問に思っていましたが、村の貧しさを伝える効果があるとわかりました。
・ヤンおばさんの登場は、村の様子を伝え、これから会うルントウとの再会場面にも強く影響していることがわかりました。

(生徒自己評価より)

 ワークシート例

| 今日の授業を振り返って | ・今日の学習を通してわかったこと・よくわからなかったこと(具体的に) | 【深化】ヤンおばさんをこの場面に登場させる作者の意図は何だろう | 【確認】ヤンおばさんが変わった理由を説明しよう | ヤンおばさんの変化とその原因を読み取り、作者がこの人物を登場させた意図を説明することができる |

「音読を楽しもう　古今和歌集　仮名序」（光村図書・平成24年度版）

4 思いが伝わる「撰者の言葉」を書こう

※書籍化にあたって再構成したため，授業展開と板書・ワークシートは一部異なる。

 単元の目標

・表現上の工夫や文体に注意しながら古典文学作品を音読し，読み味わう。
・歴史的な背景に注意して古典の和歌を読み，昔の人の心情や情景を読み味わうとともに，和歌や俳句，文章に表現されている人間や自然，作者のものの見方・考え方などについて，自分の考えをもつ。
・古典の文章の中から自分の心に響いた言葉を引用し，文章の形態を工夫してメッセージを書き，読み合う。

 単元指導計画　全11時間　（本時1時間目）

時間	題材
1	古今和歌集　仮名序
2～5	君待つと―万葉・古今・新古今
6～9	夏草―「おくのほそ道」から
10～11	古典の伝統・お薦めの古典を贈ろう

本時の理解深化課題

○「古今和歌集　仮名序」の冒頭部分を踏まえて，作者が和歌について伝えようとしていることを説明できる。

 本時の困難度査定とその対応

・国風文化など社会科で学習したことと関連付けて時代背景をとらえることが難しい。
　→「国語学習便覧」の年表や解説を読み，国風文化の起こる時代背景をとらえさせる。
・作者の伝えたいことを古文から読み取り，少ない字数で表現することが難しい。
　→「心」ということばをキーワードとしてとらえやすいように，比喩表現や対句，係り結び，反復などの表現に作者の意図があることを意識させる。

本時の授業展開

予習	・「古今和歌集　仮名序」本文と口語訳を音読し，出典についてプリントにまとめさせる。
説明 （10分）	・音読 　範読の後，各自で練習させ，斉読したり交互に読ませたりして読み慣れさせる。 ・「仮名序」の内容と表現の特色 ※「人の心」「心に思ふこと」「武士の心をも」など「心」がキーワードになっていることを確認する。 ※「天地」「鬼神」「男女」「武士」がいずれも和歌によって心を動かされていることをとらえさせる。 ※「国語学習便覧」の年表と解説から，国風文化の起こる時代背景を説明する。
理解確認 （10分）	○作者は，「やまとうた（＝和歌）」とはどのようなものだと言いたいのか，「心」（キーワード）という言葉を使って説明させる。 ※和歌とは，人が世の中の様々なことを通して心に思ったことを詠むものであること，それによって天地の神々や精霊，人の心も動かされるものであることの2点が説明できるとよい。
理解深化 （25分）	○「仮名序」冒頭部分を踏まえて，「撰者の言葉」として作者紀貫之が和歌について伝えようとしていることを60字から100字で書かせる。 ※書店POPや本の帯にある「著者のひと言」をイメージして書けるよう，例をいくつか示す。 ※各自で書き上げた後，班で交換して読ませる。班の代表作品を推敲し，全体に発表させる。
自己評価 （5分）	・読み取ったことやわかったことを踏まえて，全員で音読させる。 ・予習からの本時の学習を振り返り，わかったことやまだよくわからないことを記述し，発表させる。
復習	・ワークブックの該当箇所の問題に取り組ませる。

困難度査定に対応した授業アイディア

　理解確認では，作者がこの文章を通して主張していることを，「心」をキーワードに表現させる。和歌は「人の心」から生まれたものであり，「心に思ふこと」を詠み，天地の神々や精霊，男女の仲や武士の「心」を動かす力をもっていることなど，「心」という言葉を使って説明させたい。そのため，説明の段階から板書で「心」という言葉に注目できるよう工夫する。

　これを踏まえて，理解深化課題は，「古今和歌集」の「撰者の言葉」として，紀貫之の思いを書かせる。本の帯にある「著者のひと言」や書店POP（キャッチコピー部分）を参考に，60字から100字で書かせる。本のよさや内容のすばらしさを簡潔に伝え，見た人がその本を手に取りたくなるような文として，「仮名序」や教科書の説明の内容を踏まえて書かせる。書店POPについては，書店に行く機会の少ない生徒もいるので，例をいくつか見せて参考としてイメージをもたせる。

　「和歌」が人の心を詠んだものであること，言葉に込められた力（言霊）を文章から読み取り，自分なりにこなれた言葉で表現することができたという手応えを得てほしい。社会科で平安時代について学習したことが，政治や文化などの影響として文学にも及んでいることに気付いてほしい。文学が社会的背景と結び付いていることや，次時より学習する三大和歌集の作品についても関心を高めてほしい。

《生徒解答》
・自分の心が洗われる，そして新しい自分を見つけられる―そんな歌集に仕上がりました。ぜひ，この歌集で自分の心に響く歌に出会ってください。（帯）
・全てのものの心を動かす！漢詩とはひと味違う，日本人のための新感覚の和歌集です。「いづれか歌を詠まざりける」きっとあなたも，歌を詠みたくなるに違いありません！（POP）

 板書

学びの深まりを見取る評価のポイント

「古今和歌集　仮名序」は、「音読を楽しもう」という題で教科書に収録されている題材である。3年生にとっては音読するうえで特に困難な文章ではなく、口語訳が添えられていて意味もとらえやすい。紀貫之が仮名序で伝えようとした思いを自分の言葉で表現することで、生徒の音読にも変化があった。授業開始時には特に抑揚のない読みであったが、授業の終わりに音読したときは、対句を意識し、係り結びや「……をも」の反復の部分を強く読むなど、語りかけるような読みに変化したのは、書き手の思いを読み取った影響であろう。

 ## ワークシート例

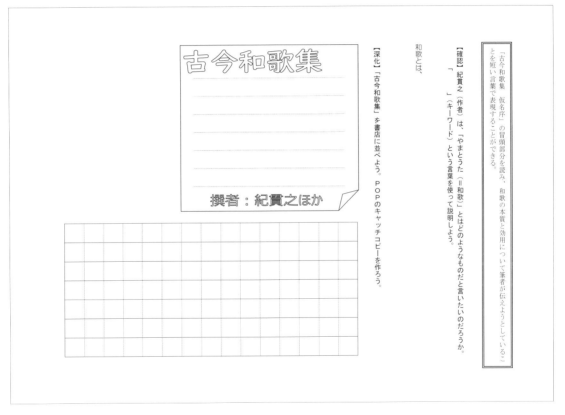

「夏草―『おくのほそ道』から」(光村図書・平成24年度版)

5 芭蕉の旅にかける思いを語ろう

単元の目標

・表現上の工夫や文体に注意しながら古典文学作品を音読し、読み味わう。
・歴史的な背景に注意して古典の和歌を読み、昔の人の心情や情景を読み味わうとともに、和歌や俳句、文章に表現されている人間や自然、作者のものの見方・考え方などについて、自分の考えをもつ。
・古典の文章の中から自分の心に響いた言葉を引用し、文章の形態を工夫してメッセージを書き、読み合う。

単元指導計画　全11時間　(本時6時間目)

時間	題材
1	古今和歌集　仮名序
2～5	君待つと―万葉・古今・新古今
6～9	夏草―「おくのほそ道」から
10～11	古典の伝統・お薦めの古典を贈ろう

本時の理解深化課題

○冒頭部分から「おくのほそ道」の旅にかける芭蕉の思いを読み取り、意気込みとして語る。

本時の困難度査定とその対応

・漢文調の言い回しや省略表現が多く文が長いため、意味をつかみにくい。
　→本文と口語訳との対応を確認し、主に口語訳からおおまかに内容をつかませる。
・江戸時代の旅について、実感としてとらえにくい。
　→旅の支度(服装、携行品、家の譲渡など)から、現代の旅行との違いをとらえさせ、船頭・馬子などの説明も加えて、旅のイメージをもつための手がかりにさせる。

本時の授業展開

予習	・「おくのほそ道」冒頭の本文と口語訳との対応を確認し、おおまかに内容をつかませる。
説明 (10分)	・冒頭部分の音読と、文体の特徴 　※李白の漢文に着想を得た書き出しや対句表現の多さに着目させる。 ・口語訳を参考にした内容の読み取り 　※口語訳と本文を対応しながら、時間は旅、人は旅の中で生きている、旅で死んだ人は多い、自分も旅で死んでもいい、むしろそうありたいという芭蕉のとらえ方をつかませる。 　※「松島」「白河の関」等の地名を教科書の行程図で確認し、旅への期待をとらえさせる。 　※旅の支度（服装、携行品、家の譲渡など）から、現代の旅行との違いをとらえさせる。
理解確認 (10分)	○芭蕉の旅立ちへの強い思いが込められた本文中の表現を挙げて、理由を説明させる。 　※本文中の表現としては、次のようなものを挙げると思われる。 　　「古人も多く旅に死せるあり」（死を覚悟） 　　「去年の秋……やや年も暮れ、春……」（間を置かず） 　　「そぞろ神……道祖神……」（とりつかれたような感じ） 　　「住めるかたは人に譲り」（帰れないかもしれない） 　※いずれの表現からも、旅に出たい芭蕉のはやる思いを確認する。また、"漂泊の思ひ"に着目させ、心のおもむくまま旅をしたいという芭蕉の思いを確認する。
理解深化 (25分)	○「おくのほそ道」の旅にかける芭蕉の意気込みを文章に書かせる。 　※芭蕉の言葉として書かせることにより、旅に出たくてたまらない芭蕉の思いを実感としてとらえさせる。 　※各自で書き上げた後、班で交換して読ませる。班の代表作品を推敲し、全体に発表させる。
自己評価 (5分)	・予習からの本時の学習を振り返り、わかったことやまだよくわからないことを記述し、発表させる。
復習	・ワークブックの該当ページの問題を解かせる。 　※教科書・授業のプリントを参考にして設問に答えながら学習事項を確認させる。

困難度査定に対応した授業アイディア

　本文から読み取れることをもとに、「おくのほそ道」の旅にかける芭蕉の意気込みを作者の言葉として語らせる。旅に出る理由、目的、期待など心中期するところを表現させたい。江戸時代の長い旅は、現代とは違って自分の足での移動が中心で安全も保証されていない。それでも旅に出たいと願う芭蕉の強い思いを文章に書き、班や学級で交流することを通して深めさせたい。その際、内容として読み取った古人への憧れや、対句を用いて印象的に表現されていた「旅」そのものに対する芭蕉の思いを踏まえて考えることができるとよい。全員で取り組めるよう、内容については教科書に掲載された口語訳から読み取らせる。

　自分の言葉でまとめる活動を通して、命をかけてもよいという強い思いで旅に出ようとしていたことを感じ取ってほしい。なぜそれほど旅に出たいのかという疑問をもてると、今後の学習につながっていくと思われる。

　旅先で俳句を詠むことや、歌枕・史跡を訪ねていることなどについては、次時以降に行程の中で詠まれた句の鑑賞や、教科書本文にある平泉と中尊寺の部分の学習で押さえたい。

《生徒解答》
・旅は私にとっての生涯であります。今回の旅は、家を捨ててもいいと思っています。私自身も正直びっくりしております。旅に出る準備をすると、落ち着かなくなり、無性に早く旅に出たいという気持ちになってしまいます。旅というものは、私の好奇心を揺さぶるものであり、子ども心をよみがえらせてきます。

 板書

学びの深まりを見取る評価のポイント

　理解深化課題については,「旅は私の人生そのものですね。今度の旅は春に出かける予定なのですが, 旅が私のすみかであり, 旅で死んでも私に心残りはありません。家も売り払いました。もう私には住む家がありません。私に残っているのは旅しかないのです。そぞろ神や道祖神が私を招いています。……（生徒解答より）」などのように, 読み取った内容を自分の言葉として書くことに加えて, 下線部のように芭蕉の立場で思いを語る表現が加えられるとよい。

 ワークシート例

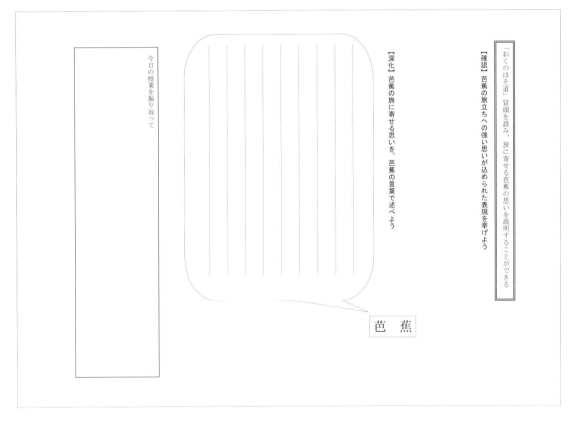

「夏草―『おくのほそ道』から」（光村図書・平成24年度版）

6　芭蕉の無常感を解説しよう

単元の目標

・表現上の工夫や文体に注意しながら古典文学作品を音読し，読み味わう。
・歴史的な背景に注意して古典の和歌を読み，昔の人の心情や情景を読み味わうとともに，和歌や俳句，文章に表現されている人間や自然，作者のものの見方・考え方などについて，自分の考えをもつ。
・古典の文章の中から自分の心に響いた言葉を引用し，文章の形態を工夫してメッセージを書き，読み合う。

単元指導計画　全11時間　（本時8時間目）

時間	題材
1	古今和歌集　仮名序
2～5	君待つと―万葉・古今・新古今
6～9	夏草―「おくのほそ道」から
10～11	古典の伝統・お薦めの古典を贈ろう

本時の理解深化課題

○俳句「夏草や兵どもが夢の跡」に込められた芭蕉の思い（無常感）を解説する。

本時の困難度査定とその対応

・なじみの少ない人名や地名が短い文に多く出てくるので，描写されている風景を思い浮かべることが難しい。
・漢語や省略表現が多く，文の意味をつかみにくい。
　→口語訳に原文を書き添える作業を通して内容をとらえさせ，ワークブックの資料（平泉鳥瞰図）などで場面の状況をイメージさせることで理解を助けたい。

▶ 本時の授業展開

予習	・「おくのほそ道」平泉の場面の口語訳と本文との対応を確認し，おおまかに内容をつかませる。
説明 (10分)	・平泉で芭蕉が見た風景を本文にそって確認し，分類させる。 　※「…跡」「高館」「和泉が城」「衣が関」は，かつて存在していたが，今はないもの。 　※「金鶏山」「北上川」「衣川」は，今もある（目に見えている）もの。 　※残っていない館や関所など人の作ったものと，残っている山河などが対比されていること。 ・「無常観」と「無常感」の違いを確認する。 　※古典文学を読む際に『無常観』を踏まえて読むことが大切である。
理解確認 (10分)	○芭蕉が藤原氏と源義経の滅亡について抱いた『無常感』が込められた表現をそれぞれ本文から抜き出して説明させる。 　※「三代の栄耀一睡のうちにして」（藤原氏），「功名一時の草むらとなる」（源義経）は，いずれも栄えたものがはかなく消え失せたことを述べている。
理解深化 (25分)	○俳句「夏草や兵どもが夢の跡」に込められた芭蕉の思いを表現させる。 　※芭蕉の行動（「時のうつるまで涙を落としはべりぬ」）や引用された漢詩（「国破れて山河あり，城春にして草青みたり」）を踏まえ，ここまで確認した語句を用いて文章にさせる。 　※まず，個人で考えた後，班に分かれて読み合った後に推敲し，発表させる。
自己評価 (5分)	・予習からの本時の学習を振り返り，わかったことやまだよくわからないことを記述し，発表させる。
復習 予習	・ワークブックの該当ページの問題を解かせる。 　※教科書・授業のプリントを参考にして，設問に答えながら学習事項を確認させる。 ・中尊寺金色堂の場面の口語訳と本文との対応を確認し，おおまかに内容をつかませる。

困難度査定に対応した授業アイディア

　読み取ったことを手がかりに，俳句に込められた芭蕉の『無常感』について書かせる。「時のうつるまで涙を落とし」ていた芭蕉は，このときどのような思いを抱いていたのか，本文の情景や引用された言葉を踏まえて，人の営みや栄華のはかなさを改めて実感し，自然の悠久さと対比させながら涙を流す芭蕉の感動を表現させたい。

　芭蕉の旅の目的が現代の観光と異なること，歴史的に知られた地を訪れ人の世のはかなさを改めて実感し『無常』の思いに浸る芭蕉の姿，「春望」の作者杜甫へのあこがれが文章にも反映していることも感じ取ってほしい。

《生徒解答》

- 源義経が戦で手柄を立てたけれども，一瞬のうちに消えてしまったかのようなはかない気持ち。勢いよく戦っていた兵士たちがいたこの場所も，今では夏草に覆われていて，それも夢の中の記憶だよ，という思い。
- 自らの力で栄えさせてきた土地も，その当人の活躍を示すものも残っておらず，何もなかったかのように草が茂っている。その状況を目の当たりにして，何もない寂しさや栄えたものが消えてしまったはかなさに浸っている。
- 三代にわたって栄えたところが夢のようにはかなく消え果ててしまっている。これが嘘みたいだと驚いている。義経が手柄・功名を立てたが，これも一時のことで，その跡はただの草むらとなってしまった。冬になれば草はなくなり，夏になれば美しい青草が広がる。このことは，毎年ある。だが，義経や藤原氏は生き返らない。

 ## 板書

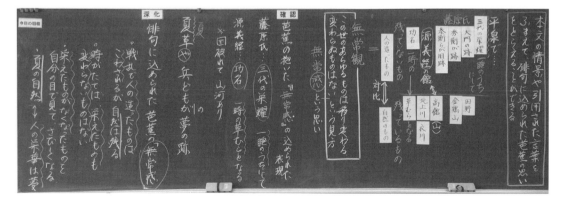

学びの深まりを見取る評価のポイント

・俳句がそれまでの文章をまとめているようで,芭蕉の気持ちがよく表れていることがわかった。
・人が作ったものは残らず自然のものは残るということに対する芭蕉の気持ちや俳句に込めた無常感がわかりました。
・芭蕉の無常感がよくわかり,自分でも感じることができた。

(生徒自己評価より)

　予習で本文の内容をある程度つかんでいたので,国語便覧の資料等を参考に,生徒は芭蕉の見た情景を思い浮かべることができた。そこから,人の作った建物などはなく山河だけがあることや,栄華をしのぶものははかなく消え果てていることをとらえていた。

　「いろは歌」や「平家物語」などで学習した「無常観(感)」を踏まえて,芭蕉の思いをとらえることができた。全員が「はかなさ」と「夏草」を対比的に説明したが,夏草も毎年同じ草ではないことに言及した生徒がいた。本時の学習内容を,次時の中尊寺金色堂の内容と対比してさらに深めたい。

 ワークシート例

本文の情景や引用された言葉をふまえて、俳句に込められた芭蕉の思いをとらえることができる。

【確認】芭蕉の抱いた「　　　」は、それぞれの言葉に込められているか。
藤原氏については…
源義経については…
「国破れて山河あり、城春にして草青みたり(草木深し)」

【深化】俳句に込められた芭蕉の『　　　』を解説しよう。

今日の授業を振り返って
・今日の学習を通してわかったこと・よくわからなかったこと(具体的に)

【監修者紹介】

市川　伸一（いちかわ　しんいち）
東京大学大学院教育学研究科教育心理学コース教授
1953年生まれ。東京大学文学部卒業。文学博士。
内閣府「人間力戦略研究会」主査、日本教育心理学会理事長等を歴任。中央教育審議会教育課程部会委員。

［主な著作］
・『学ぶ意欲とスキルを育てる』（小学館）
・『学力低下論争』（ちくま新書）
・『「教えて考えさせる授業」の挑戦』（編著、明治図書）
・『教えて考えさせる算数・数学』（図書文化）

【著者紹介】

刀禰　美智枝（とね　みちえ）
山口県美祢市立大嶺中学校教諭
1958年生まれ。
平成27年度　文部科学大臣優秀教職員表彰受賞（学習指導）。
平成27年度・28年度　山口県教育力向上指導員。
「教えて考えさせる授業」による授業改善や校内研修の実践を進めている。

中学校国語サポートBOOKS
教えて考えさせる中学校国語科授業づくり

2018年12月初版第1刷刊	監修者	市　川　伸　一
2021年5月初版第4刷刊	ⓒ著　者	刀　禰　美　智　枝
	発行者	藤　原　光　政
	発行所	明治図書出版株式会社

http://www.meijitosho.co.jp
（企画）佐藤智恵・広川淳志（校正）川﨑満里菜
〒114-0023　東京都北区滝野川7-46-1
振替00160-5-151318　電話03(5907)6703
ご注文窓口　電話03(5907)6668

＊検印省略

組版所　広研印刷株式会社

本書の無断コピーは、著作権・出版権にふれます。ご注意ください。

Printed in Japan　　　　ISBN978-4-18-132023-2
もれなくクーポンがもらえる！読者アンケートはこちらから→